Wolfram Henckel

Aktuelle Probleme der Warenlieferanten beim Kundenkonkurs

AKTUELLE PROBLEME

DER WARENLIEFERANTEN

BEIM KUNDENKONKURS

von
Prof. Dr. jur. Wolfram Henckel, Göttingen

R W S - Skript 125
2., neubearbeitete Auflage

KOMMUNIKATIONSFORUM Recht Wirtschaft Steuern
Tagungs- und Verlagsgesellschaft mbH Köln

(C) 1984 Kommunikationsforum   Recht   Wirtschaft   Steuern
Tagungs- u. Verlagsges. mbH, Postfach 27 o1 25, 5ooo Köln 1

Alle Rechte vorbehalten. Ohne ausdrückliche Genehmigung des Verlages ist es auch nicht gestattet, das Skript oder Teile daraus in irgendeiner Form (durch Fotokopie, Mikrofilm oder ein anderes Verfahren) zu vervielfältigen.

Druck: Hundt Druck GmbH, Köln

INHALTSVERZEICHNIS

Seite

1.	Sicherung des Warenkredits	1
1.1	Überblick über die Sicherungsmittel	1
1.1.1	Der einfache Eigentumsvorbehalt	1
1.1.2	Verlängerter Eigentumsvorbehalt	4
1.1.3	Verarbeitungsklausel	5
1.1.4	Erweiterter Eigentumsvorbehalt, Kontokorrentvorbehalt und Saldovorbehalt	9
	(1) Terminologie	9
	(2) Kontokorrentvorbehalt	10
	(3) Erweiterter Eigentumsvorbehalt	11
1.2	Die Pflicht des Konkursverwalters zur Auskunftserteilung und zur Inventarisierung von Sicherungsgut	14
1.2.1	Auskunftserteilung	14
1.2.2	Inventarisierungspflicht	24
1.3	Die Herausgabepflicht des Konkursverwalters und ihre Grenzen	25
1.3.1	Eigentumsvorbehalt	25
1.3.2	Sicherungsübereignung	26
1.3.3	Leasingverträge	26
1.3.4	Grenzen der Herausgabepflicht	30
1.3.5	Herausgabepflicht bei Vermischung oder Verarbeitung	32

Seite

1.4	Verwertungsrecht des Konkursverwalters?	34
1.5	Benutzung, Nutzungen, Weiterveräußerung, Verbrauch und Verarbeitung von Vorbehaltsware durch den Konkursverwalter	34
1.5.1	Benutzung und Nutzungen	35
1.5.2	Weiterveräußerung und Verbrauch	35
1.5.2.1	Einfacher Eigentumsvorbehalt, Weiterveräußerung	35
1.5.2.2	Einfacher Eigentumsvorbehalt, Verbrauch	45
1.5.2.3	Verlängerter Eigentumsvorbehalt, Weiterveräußerung	46
1.5.3	Verarbeitung	55
1.5.3.1	Konkurs	55
1.5.3.2	Sequestration	63
1.5.4	Konkursbezogene Klauseln	67
1.6	Kollisionen von Sicherungsrechten	69
1.6.1	Kollision von einfachem Eigentumsvorbehalt und Sicherungsübereignung	69
1.6.2	Kollision von Forderungsabtretungen	72
1.6.3	Kollisionen bei Verarbeitungsvorbehalt	73
1.7	Warenkreditsicherheit und Grundstückszubehörhaftung	74
1.8	Der Sicherungspool	75
1.8.1	Bassinvertrag	96

Seite

1.9	Warenkreditsicherheiten in der Sequestration	97
2.	Beiderseits nicht vollständig erfüllte Lieferungsverträge (§ 17 KO)	102
2.1	Anwendbarkeit des § 17 KO im Käuferkonkurs	103
2.2	Weiterveräußerung der unter Eigentumsvorbehalt gelieferten Sache durch den Konkursverwalter des Käufers	105
3.	Konkursanfechtung	107
3.1	Einfacher Eigentumsvorbehalt	107
3.1.1	Bardeckung	107
3.1.2	Kongruente Deckung	107
3.2	Verlängerter Eigentumsvorbehalt	109
3.3	Verarbeitungsklausel	110

1. Sicherung des Warenkredits

1.1 Überblick über die Sicherungsmittel

1.1.1 Der einfache Eigentumsvorbehalt

Die sachenrechtlichen Folgen des einfachen Eigentumsvorbehalts ergeben sich aus §§ 158 ff. in Verbindung mit §§ 929 ff. BGB. Das Eigentum wird unter der aufschiebenden Bedingung der vollständigen Zahlung des Kaufpreises (vgl. § 455 BGB) übertragen. Der Vorbehaltsverkäufer bleibt deshalb zunächst Eigentümer; der Käufer erwirbt infolge der bedingten Übereignung ein Anwartschaftsrecht.

Im Konkurs des Käufers hat der Vorbehaltseigentümer nach ständiger Rechtsprechung und h. L. ein Aussonderungsrecht. Die vereinzelt vertretene Auffassung, der Vorbehaltsverkäufer könne nur abgesonderte Befriedigung verlangen,

> A. Blomeyer,
> Studien zur Bedingungslehre
> (1939) S. 241;
> ders. AcP 153 (1954), 239, 248;
> NJW 1951, 548;
> AcP 162 (1963), 193, 2oo;
>
> Raiser,
> Dingliche Anwartschaften
> (1961) S. 96;
> Stracke,
> Das Aus- und Absonderungsrecht
> des Vorbehaltseigentümers im
> Konkurs des Vorbehaltskäufers,
> Göttinger Diss. (1972) S. 128 f.:
> Absonderungsrecht, wenn der Vorbehaltsverkäufer nicht zurücktritt;
>
> U. Hübner,
> NJW 198o, 729 (734),

hat sich bisher nicht durchgesetzt.

Obwohl der Streit angesichts der ständigen Rechtsprechung für die Praxis keine Rolle spielt, soll schon hier auf die Unterschiede zwischen Aus- und Absonderung eingegangen werden, weil sie für die Behandlung der Verlängerungs- und Erweiterungsformen des Eigentumsvorbehalts bedeutsam sind. Der Aussonderungsberechtigte kann zwar ebenso wie der Absonderungsberechtigte nach Verwertungsreife die Sache von dem Konkursverwalter herausverlangen, aber er steht nicht unter Verwertungszwang. Dem Absonderungsberechtigten kann der Konkursverwalter nach § 127 II Satz 1 KO durch das Konkursgericht eine Frist zur Verwertung setzen lassen. Nach fruchtlosem Ablauf dieser Frist kann der Konkursverwalter die Sache selbst verwerten (§ 127 II Satz 2 mit § 127 I KO). Der Konkurs nimmt also dem Absonderungsberechtigten die Dispositionsbefugnis über den Verwertungszeitpunkt. Er muß jetzt verwerten oder durch den Konkursverwalter verwerten lassen, auch wenn er diesen Zeitpunkt für ungünstig hält und zu späterer Zeit einen höheren Verwertungserlös erhofft. Der Grund dafür liegt nicht darin, daß die Absonderungsrechte der Sicherung von Forderungen dienen, die dem Ausfallgrundsatz unterliegen (§ 64 KO). Zwar setzt die Feststellung der Ausfallforderung die Verwertung voraus, jedoch bedarf es der Feststellung der Ausfallforderung nicht, um das Konkursverfahren abzuwickeln. Denn wenn der Sicherungsnehmer die Verwertung nicht betreibt, wird er mit der Ausfallforderung bei der Verteilung nicht berücksichtigt (§ 153 KO). Darin liegt zwar auch ein mittelbarer Verwertungszwang, der sich jedoch von dem des § 127 II KO unterscheidet. Letzterer beruht darauf, daß sich bei der Verwertung des Absonderungsgutes ein Erlösüberschuß ergeben kann, der an die Masse abzuführen ist. Um diesen Überschuß für die Masse realisieren zu können, wird dem Absonderungsberechtigten die Dispositionsbefugnis über den Verwertungszeitpunkt genommen. Daraus folgt m.E., daß die Fristsetzung nach § 127 II Satz 2 KO unterbleiben muß, wenn mit Sicherheit feststeht, daß ein Erlösüberschuß, der die Masse anreichern könnte, oder ein sonstiger Vorteil für die Masse bei der Verwertung durch den Konkursverwalter nicht zu erwarten ist.

Der einfache Eigentumsvorbehalt ist zwar auch ein Sicherungsrecht. Er soll die Kaufpreisforderung des Verkäufers sichern.

> Serick,
> Eigentumsvorbehalt und
> Sicherungsübertragung,
> Band V § 62 II 2 a S. 332,
> § 63 I 4 S. 414.

Aber die Sicherung erfolgt in anderer Weise. Der Verkäufer kann die Rückgabe der Sache verlangen, wenn der "Sicherungsfall" (Rücktritt, § 455 BGB oder Erfüllungsablehnung des Konkursverwalters, § 17 KO) eingetreten ist. Er braucht sie aber nicht zu verwerten. Er kann sie behalten und für eigene Zwecke nutzen. Ein Erlösüberschuß gebührt nicht der Masse. Vielmehr ist über eine etwaige Kaufpreisanzahlung, Nutzungen, Verwendungen und Schadensersatz abzurechnen.

Beispiele:

V hat K eine Sache für DM 1.000,- unter Eigentumsvorbehalt verkauft und aufschiebend bedingt übereignet.

K hat noch nichts bezahlt. V tritt wegen Verzuges des
K vom Kaufvertrag zurück (§ 455 BGB), verlangt die
Sache vom Verwalter des inzwischen in Konkurs geratenen
K heraus und verkauft sie für DM 1.2oo,- an D.
Folge: V kann die DM 1.2oo,- behalten. Hätte dagegen V
die Sache dem K unbedingt übereignet, sich aber später
zur Sicherung seiner Kaufpreisforderung zurückübereig-
nen lassen, so wäre er als absonderungsberechtigter
Sicherungseigentümer verpflichtet, den Erlösüberschuß
(DM 2oo,-) an die Masse abzuführen. Die Aussonderungsbe-
fugnis des Vorbehaltsverkäufers ist also die richtige
Konsequenz der Annahme, daß der Vorbehaltsverkäufer
nicht, wie der Sicherungseigentümer, ein verwertungsbe-
rechtigter Sicherungsnehmer, sondern Eigentümer ist,
dessen Eigentum lediglich durch das Anwartschaftsrecht
des Käufers beschränkt wird (§ 161 BGB), das der Verkäufer aber durch seinen Rücktritt aufheben kann.

1.1.2 Verlängerter Eigentumsvorbehalt

Als verlängerter Eigentumsvorbehalt ist dieser verbunden
mit einer Vorausabtretung der Forderung, die durch die
Weiterveräußerung der Ware entsteht. Im Gegensatz zum
vorbehaltenen Eigentum ist die Forderung vor der Abtretung nicht Bestandteil des Vermögens des Veräußerers ge-
wesen. Der Käufer sichert also den Verkäufer durch Übertragung eines Gegenstandes seines Vermögens. Die Vorausabtretung ist Sicherungszession. Sie begründet deshalb
ein Absonderungsrecht.

BGH BB 1971, 17;
1978, 1o3o f.;
Serick, aaO., Band V
§ 6o II 3 a S. 266,
§ 62 IV 2 S. 363 ff.,
§ 63 I 1 S. 41o,
§ 64 II 1 b S. 459;
a.A. Baur/Stürner, Zwangsvoll-
streckungs-, Konkurs- und Vergleichsrecht, 11. Aufl. Rdn. 1073.

Dieses Ergebnis ist gerechtfertigt, weil ein Erlös, der
über die Forderung des Verkäufers hinausgeht, durch das
Rechtsgeschäft des Käufers erzielt wird. Der Übererlös
muß in dessen Vermögen fließen.

> Zur Verrechnung von Zahlungen des
> Drittschuldners an den einziehungs-
> berechtigten Vorbehaltskäufer bei
> einer nicht aufgedeckten Teilab-
> tretung s. OLG Karlsruhe
> ZIP 1984, 609.

1.1.3 Verarbeitungsklausel

Ihr Zweck geht dahin, dem Verkäufer das aus dem von ihm
unter Eigentumsvorbehalt gelieferten Material hergestellte Produkt als Sicherheit zuzuweisen. Das vorbehaltene
Eigentum am Material erlischt nach § 950 BGB, wenn durch
dessen Verarbeitung oder Umbildung eine neue bewegliche
Sache hergestellt wird, sofern nicht der Wert der Verarbeitung erheblich geringer ist als der Wert des verarbeiteten oder umgebildeten Materials.

Verarbeitungsklauseln bewirken nach gefestigter Rechtsprechung, daß der Eigentümer des Materials unmittelbar, d.h.
ohne Durchgangserwerb beim produzierenden Käufer, das Eigentum am Produkt erwirbt.

> BGHZ 20, 159, 163 f;
> 46, 117, 118;
> BGH BB 1972, 197, 198.

Zwar hält der BGH § 950 BGB für unabdingbar, jedoch soll die
Frage, wer Hersteller im Sinne dieser Vorschrift ist, auch
unter Berücksichtigung des Eigentumsvorbehaltes beantwortet
werden. Vom Standpunkt eines objektiven Betrachters, auf
des es bei der Anwendung des Herstellerbegriffs ankommen
soll, sei in der Regel der Vorbehaltslieferant Hersteller
i.S.d. § 950 BGB.

Zuletzt: BGH NJW 1983, 2022, 2023.

Dennoch tritt das nach § 950 BGB erworbene Eigentum nicht einfach an die Stelle des Vorbehaltseigentums. Der Eigentumserwerb nach § 950 BGB ist immer originär.

> Serick, aaO,
> Band IV § 44 III 6 a S. 153.

Der Vorbehaltsverkäufer erhält also Eigentum, das nicht durch § 161 BGB beschränkt ist. Das Anwartschaftsrecht des Vorbehaltskäufers erlischt.

> Serick, aaO,
> Band IV § 44 III 7 S. 159 ff.

Allerdings kann die Auslegung der Verarbeitungsklausel ergeben, daß der Vorbehaltslieferant das nach § 950 BGB erworbene Eigentum aufschiebend bedingt auf den Produzenten übertragen will. Das ist dann eine Übereignung nach § 929 S. 2 BGB, die dem Produzenten ein neues Anwartschaftsrecht verschafft.

> Serick, aaO,
> Band IV § 44 III 7 S. 160;
> nach Nierwetberg, NJW 1983, 2235,
> soll die Verarbeitungsklausel immer in diesem Sinne ausgelegt werden, wenn nicht eine Ausnahme von der typischen Interessenlage festzustellen ist.

Das nach § 950 BGB neu entstandene Eigentum des Stofflieferanten ist Sicherungseigentum. Es gewährt ihm im Konkurs des Produzenten ein Absonderungsrecht.

> Böhle-Stamschräder/Kilger,
> KO 14. Aufl. § 43 Anm. 3 b aa);
> Serick, aaO,
> Band IV § 43 III 4 a S. 100 ff;
> Band V § 60 III S. 271 ff;
> § 63 I S. 409 ff;
>
> a.A. Baumann, Konkurs und Vergleich, 2. Aufl. § 10 I 3 a
> S. 110 f;

Jauernig,
Zwangsvollstreckungs- und
Konkursrecht, 16. Aufl.
§ 45 I 1 a S. 187 f.;

Schönke/Baur,
Zwangsvollstreckungs-,
Konkurs- und Vergleichsrecht,
11. Aufl. Rdn. 1073;

Uhlenbruck,
Insolvenzrecht, Rz. 693.

Das ergibt sich aus folgender Überlegung: Die neu hergestellte Sache ist nicht identisch mit der gelieferten. Nach einem Rücktritt vom Kaufvertrag könnte der Verkäufer deshalb nicht die neue Sache nach § 346 BGB herausverlangen. Würde man dem Verkäufer gestatten, die neue Sache ebenso wie eine noch unverarbeitete an sich zu nehmen und sie ohne Verwertungszwang zu behalten oder den Erlös aus ihrem Verkauf endgültig seinem Vermögen einzuverleiben, so würde ihm der Wert der Verarbeitung, den der Käufer eingebracht hat, zugute kommen, auch wenn der Verwertungserlös höher ist als der Kaufpreis. Die Klausel soll demgegenüber bewirken, daß der Verkäufer nicht mehr bekommt als den Wert des von ihm gelieferten Materials, allenfalls den vollen Kaufpreis. An der Verarbeitung durch den Produzenten darf er nicht verdienen, weil er diese auch nicht bezahlt (s. auch 1.5.3.1).

Der Unterschied zwischen dem Fall, daß die verkaufte Sache sich noch in der Konkursmasse befindet, und dem, daß sie verarbeitet worden ist, zeigt sich auch bei der Anwendung des § 17 KO: Im ersten Fall ist der Kaufvertrag beiderseits noch nicht voll erfüllt, § 17 KO ist anwendbar. Im zweiten Fall ist die Erfüllung des Kaufvertrages durch den Verkäufer nicht mehr möglich, weil

die im Kaufvertrag versprochene Sache nicht mehr existiert.
Die Verpflichtung des Verkäufers aus dem Kaufvertrag geht
nicht dahin, das Produkt der Verarbeitung zu übereignen.
Diese Verpflichtung steht nicht im Synallagma mit dem
Kaufpreisanspruch. Denn der Käufer will nach dem Kaufvertrag nicht das Verarbeitungsprodukt bezahlen, sondern
das verarbeitete Material. Die Verpflichtung des Verkäufers, das Eigentum zu übertragen, ergibt sich aus
der Sicherungsvereinbarung, nicht aber aus dem Kaufvertrag. Nur wenn der Kaufpreis die Gegenleistung für das
Verarbeitungsprodukt wäre - was er nicht ist -, könnte
§ 17 KO angewendet werden und dem Verkäufer bei Ablehnung
der Erfüllung durch den Konkursverwalter ein Aussonderungsrecht zugesprochen werden mit der Folge, daß er
das Produkt behalten und zu seinem Vorteil veräußern
könnte. Die Unmöglichkeit der Übereignung des Materials,
die mit der Verarbeitung eingetreten ist, führt aber nicht
zur Anwendung der §§ 320 ff. BGB, wenn die Verarbeitung
vereinbarungsgemäß erfolgt bzw. dem Käufer vom Verkäufer
gestattet war. Vielmehr erlischt der Übereignungsanspruch
des Käufers hinsichtlich des Materials. Der Kaufpreisanspruch bleibt bestehen. Folglich besteht kein von beiden
Seiten unerfüllter Kaufvertrag, wie ihn § 17 KO voraussetzt. § 17 KO ist unanwendbar. Die Kaufpreisforderung
des Verkäufers ist und bleibt Konkursforderung (§ 3 KO).
Sie ist gesichert durch das Eigentum des Vorbehaltsverkäufers an dem Verarbeitungsprodukt.

    Ähnlich Serick, aaO.,
    Band V § 63 I 4 S. 414 f.

Zum Fortbestand der Verarbeitungserlaubnis bei Insolvenz
des Käufers siehe unten 1.5.3.1 f.

1.1.4 Erweiterter Eigentumsvorbehalt, Kontokorrentvorbehalt und Saldovorbehalt

(1) Die Terminologie ist hier uneinheitlich. Der BGH

>BGH BB 1971, 285
>= KTS 1971, 213 f;
>ebenso Mentzel/Kuhn/Uhlenbruck,
>KO 9. Aufl. § 43 Anm. 43

versteht unter Kontokorrentvorbehalt einen Eigentumsvorbehalt, der mehrere oder alle Forderungen aus wechselseitiger Geschäftsverbindung sichern soll, auch wenn zwischen den Parteien kein echtes Kontokorrentverhältnis besteht.

Kilger

>Böhle-Stamschräder/Kilger,
>KO 14. Aufl. § 17 Anm. 3 a

spricht vom Kontokorrentvorbehalt im engeren Sinne, wenn ein echtes Kontokorrentverhältnis besteht, von einer Saldo- oder Geschäftsverbindungsklausel, wenn mehrere oder alle Forderungen aus wechselseitiger Geschäftsverbindung einbezogen sind, ohne daß ein echtes Kontokorrentverhältnis begründet worden ist.

Im Anschluß an Serick

>aaO.,
>Band IV § 4o I 2 b S. 11,
>§ 42 I 2 S. 52 ff.,
>Band V § 57 I 4 S. 52

habe ich im Kommentar

> Jaeger/Henckel,
> KO 9. Aufl. § 17 Anm. 61 f.

die Bezeichnung "Kontokorrentvorbehalt" den Fällen vorbehalten, in denen ein Kontokorrentverhältnis i.S.d. § 355 HGB besteht. Fehlt es an einem solchen, soll der Eigentumsvorbehalt aber auch andere Forderungen als die Kaufpreisforderung für die unter Eigentumsvorbehalt gelieferte Sache sichern, so spreche ich von einem erweiterten Eigentumsvorbehalt.

(2) Beim Kontokorrentvorbehalt hat der Verkäufer ein Recht auf abgesonderte Befriedigung an der verkauften und aufschiebend bedingt übereigneten Sache für die volle Saldoforderung, die ihm bei Konkurseröffnung zusteht. Ein Aussonderungsrecht kommt hier nicht in Betracht, weil die Sicherheit wegen des Kontokorrentverhältnisses nicht - wie beim einfachen Eigentumsvorbehalt - auf die Kaufpreisforderung für die unter Eigentumsvorbehalt gelieferte Sache bezogen ist, sondern auf die Saldoforderung.

> Ebenso Serick, aaO.,
> Band V § 68 IV 1 S. 712 ff;
>
> a.A. Uhlenbruck, Gläubigerberatung
> in der Insolvenz, C VII I. 6, S. 310;
>
> offengelassen in
> BGH BB 1978, 18
> = NJW 1978, 632
> = KTS 1978, 165
> = WM 1977, 1422.

§ 17 KO ist unabwendbar.

> Serick, BB 1978, 1477, 1484;
> ders., Band V § 68 IV 1 S. 713;
> Jaeger/Henckel, KO 9. Aufl.
> § 17 Anm. 61.

Auf die Konstruktionsfrage, ob beim Kontokorrentvorbehalt dem Vorbehaltsverkäufer ein pfandrechtartiges Sicherungsrecht an eigener Sache zusteht

> So Serick, aaO,
> Band V § 68 IV 1 S. 714

oder ob er als Sicherungseigentümer angesehen werden kann, kommt es hier nicht an. Denn nach beiden Konstruktionen ist der Lieferant stets nur absonderungsberechtigt, und ein Wahlrecht des Konkursverwalters nach § 17 KO ist ausgeschlossen.

(3) Beim erweiterten Eigentumsvorbehalt ist umstritten, ob der Konkursverwalter, wenn er nach § 17 KO Erfüllung wählt, alle gesicherten Forderungen als Masseschuld nach § 59 I Nr. 2 KO tilgen muß

> So LG Stuttgart,
> MDR 1958, 1oo, 1o1;
> zu § 36 VglO:
> Bley/Mohrbutter,
> VglO 4. Aufl. § 36
> Anm. 44 e

oder nur die Kaufpreisforderung aus dem Kaufvertrag, dessen Erfüllung der Konkursverwalter wählt, für die Ware, die unter Eigentumsvorbehalt veräußert worden ist.

> So OLG München
> JuS 197o, 139
> = MDR 1969, 84o zu § 36 VglO
> und h. L.:
> Bley/Mohrbutter,
> VglO 3. Aufl. § 36 Anm. 44 c;
> Böhle-Stamschräder/Kilger,
> KO 14. Aufl. § 17 Anm. 3 a;

> Serick, aaO,
> Band V § 68 III 2 b S. 692 ff.;
> ders., BB 1978, 1477, 1482 f.

Mit dem BGH und Serick

> BGH NJW 1971, 799
> = KTS 1971, 213
> = WM 1971, 347
> = JZ 1971, 506
> = BB 1971, 285;
> BGH NJW 1978, 632
> = BB 1978, 18
> = KTS 1978, 165
> = WM 1977, 1422
> jeweils ohne Unterscheidung zwischen
> Kontokorrentvorbehalt und erweitertem
> Eigentumsvorbehalt;
> Serick, aaO,
> Band V § 68 III 1 S. 680 ff

ist davon auszugehen, daß mit der Zahlung des Kaufpreises für die unter erweitertem Eigentumsvorbehalt gekaufte Sache das Vorbehaltseigentum nur zur abgesonderten Befriedigung wegen der anderen in den Vorbehalt einbezogenen Forderungen berechtigt. Das Vorbehaltseigentum wandelt sich in ein Absonderungsrecht um.

> Jaeger/Henckel,
> KO 9. Aufl. § 17 Anm. 62.

Ein Absonderungsrecht setzt aber voraus, daß die Sache, an der es besteht, der Konkursmasse zugeordnet ist.

> So auch Serick, aaO,
> Band V § 68 III 2 b S. 694
> in einer Hilfserwägung.

> Ob man die Rechtsstellung des
> Vorbehaltsverkäufers, die er
> mit dem Absonderungsrecht hat,
> als Sicherungseigentum bezeich-
> net
> (so Jaeger/Henckel, KO 9. Aufl.
> § 17 Anm. 62)
> oder als "eine dem Sicherungsei-
> gentümer vergleichbare Stellung"
> (so BGH WM 1971, 347, 349
> und Serick, aaO, Band V
> § 68 III 1 a S. 681),
> halte ich angesichts der gleich-
> laufenden Ergebnisse für belang-
> los.

Gehört aber die Sache infolge der Kaufpreiszahlung durch den Konkursverwalter zur Konkursmasse, so kann der Lieferant an ihr nach Konkurseröffnung kein Absonderungsrecht mehr erwerben. Das folgt aus § 15 KO.

> Serick, aaO
> Band V § 68 III 2 b S. 694 f.;
> ders., BB 1978, 1477, 1483;
> Jaeger/Henckel,
> KO 9. Aufl. § 17 Anm. 62.

Der Vorbehaltsverkäufer ist also wegen der Forderungen, die neben der Kaufpreisforderung für die unter Eigentumsvorbehalt verkaufte Sache in den erweiterten Eigentumsvorbehalt einbezogen worden sind, einfacher Konkursgläubiger, wenn der Konkursverwalter die Erfüllung wählt und den Kaufpreis jetzt erst bezahlt. Der Vorbehaltsverkäufer kann nicht verlangen, daß der Konkursverwalter die durch den erweiterten Eigentumsvorbehalt miterfaßten Forderungen als Masseschulden nach § 59 I Nr. 2 KO tilgt.

Ist der Kaufpreis vom Gemeinschuldner vor Konkurseröffnung schon teilweise bezahlt, gilt dasselbe. Erst mit der vollständigen Bezahlung der Kaufsache durch den Konkursverwalter könnte sich das Aussonderungsrecht des Vorbehaltsverkäufers in ein Absonderungsrecht verwandeln, das der Sicherung der übrigen Forderungen diente. Dieser Verwandlung steht jedoch § 15 KO entgegen.

> Serick, aaO.,
> Band V § 68 III 2 b S. 692 ff.;
> Jaeger/Henckel,
> KO 9. Aufl. § 17 Anm. 62 a.E.;
> dort muß es auf S. 5o5, drittletzte Zeile richtig heißen:
> Vorbehalts<u>ver</u>käufer, und auf
> S. 5o6 erste Zeile: <u>JZ</u> 1971, 5o6.

1.2 Die Pflicht des Konkursverwalters zur Auskunftserteilung und zur Inventarisierung von Sicherungsgut

1.2.1 Auskunftserteilung

Als Anspruchsgrundlagen für einen Auskunftsanspruch kommen in Betracht:

- § 26o BGB; als "Inbegriff von Gegenständen" wird die Gesamtheit der unter Eigentumsvorbehalt an den Gemeinschuldner gelieferten Waren angesehen;

  > Soergel/Schmidt,
  > BGB 1o. Aufl. §§ 259-261
  > Anm. 4;
  > OLG Köln, HRR 1938 Nr. 758;

- § 4o2 BGB; Auskunftspflicht bei Vorausabtretung von Forderungen und Übertragung anderer Rechte (§ 413 BGB);

- § 242 BGB; jeder Schuldner muß seinem Gläubiger Auskunft geben, wenn er in der Lage ist, dienliche Angaben zu machen und der Gläubiger entschuldbar den Umfang seiner Rechte nicht kennt.

  Häsemeyer, ZZP 80, 263, 268
  m. Nachw. - unstreitig.

Der Anspruch richtet sich gegen den Konkursverwalter, wenn das Recht, dessen Durchsetzung die Auskunft vorbereiten soll, sich auf die Masse bezieht.

  BGHZ 49, 11
  = LM Nr. 11 zu § 6 KO
  m. Anm. von Mezger
  = NJW 1968, 300 und 1627
  m. Anm. von Mohrbutter
  = KTS 1968, 100
  m. Anm. von Mohrbutter;
  BGHZ 70, 86;
  Uhlenbruck, Gläubigerberatung in der
  Insolvenz, XXVIII 2.1 S. 434.

Der BGH hat sich damit im Anschluß an Häsemeyer

  ZZP 80, 263 ff

gegen die früher verbreitete Meinung ausgesprochen, die nur den Gemeinschuldner selbst als auskunftspflichtig ansah. Soweit der Sicherungsnehmer ein Absonderungsrecht in Anspruch nehmen will, bezieht sich das Recht, dessen Durchsetzung die Auskunft vorbereiten soll, auf die Masse, weil der Absonderungsberechtigte Deckung aus einem Massegegenstand sucht. Soweit die Auskunft der Vorbereitung eines Aussonderungsrechtes dienen soll (z.B.: einfacher Eigentumsvorbehalt), ist die Beziehung zur Masse dadurch begründet, daß der Konkursver-

walter die Sache zur Masse zieht und nicht freiwillig
an den Sicherungsnehmer herausgibt.

Gegen die Entscheidungen des Bundesgerichtshofs ist vor
allem eingewendet worden, daß der Konkursverwalter die
Auskunft oft nicht erteilen könne, weil er über die Vorgänge vor Konkurseröffnung nichts wisse, und daß die
Auskunftspflicht den Konkursverwalter mit erheblicher
Arbeit belaste, die er angesichts seiner primären Verwaltungsaufgaben nicht leisten könne, und schließlich,
daß die Auskunftserteilung mit erheblichen Kosten verbunden sein könne, die der Masse zur Last fielen und
deshalb letztlich von den ungesicherten Konkursgläubigern zu tragen seien.

Die fehlenden Informationen kann sich der Konkursverwalter jedoch nach §§ 1oo, 1o1 II KO vom Gemeinschuldner
verschaffen. Hinsichtlich der Arbeitsbelastung und der
Kosten hat Mohrbutter (aaO) vorgeschlagen, dem Sicherungsnehmer nur ein Recht auf Gewährung von Einsicht in
die Unterlagen des Konkursverwalters zu gewähren, wenn
der Verwalter diese anbietet. In dem in

      BGHZ 7o, 86

entschiedenen Fall hatte der Sicherungsnehmer auf ein
entsprechendes Angebot des Konkursverwalters hin seinen
Antrag umgestellt, so daß der BGH sich mit dem Argument
des für den Verwalter unzumutbaren Arbeits- und Zeitaufwandes nicht abschließend auseinandersetzen mußte. Immerhin aber gibt die Entscheidung Anhaltspunkte für künftige Streitfälle:

> "Zwar bemißt sich der Umfang der Auskunftspflicht jedenfalls dann, wenn sie - wie hier - als Nebenverpflichtung der Durchsetzung anderer Ansprüche dienen soll, nach der Zumutbarkeit (§ 242 BGB) und damit nach einer sinnvollen Relation zwischen Arbeits- und Zeitaufwand auf Seiten des Auskunftspflichtigen und dem schutzwürdigen Interesse auf Seiten des Auskunftsberechtigten. Das gilt in besonderem Maße bei der Auskunftspflicht des Konkursverwalters, der im Interesse a l l e r am Konkurs Beteiligten auf eine zügige Verfahrensabwicklung bedacht sein muß."

Gegen den Willen des Konkursverwalters aber kann man dem Sicherungsnehmer grundsätzlich ein Recht auf Einsicht in die Geschäftsunterlagen nicht zusprechen. Denn der Anspruch des Sicherungsnehmers richtet sich nur auf Auskunft, nicht aber auf Einsichtnahme. Im übrigen kann der Konkursverwalter - insbesondere wenn er das Unternehmen fortführt - ein schutzwürdiges Interesse an der Wahrung von Geschäftsgeheimnissen haben und auch Dritten gegenüber verpflichtet sein, Geschäftsvorgänge vertraulich zu behandeln. Da der Sicherungsnehmer bei Einsicht in die Unterlagen mehr erfahren kann, als der Konkursverwalter ihm im Wege der Auskunft offenbaren muß, und weil die Einsichtnahme durch eine Vielzahl von Sicherungsnehmern die geordnete Abwicklung des Konkursverfahrens empfindlich stören kann, darf der Konkursverwalter grundsätzlich nicht zur Duldung der Einsichtnahme verurteilt werden, wenn er die Einsicht nicht gewähren will.

Der Sicherungsnehmer kann also in der Regel nur Erteilung einer Auskunft verlangen, während der Konkursverwalter die Auskunftserteilung abwenden kann durch das Angebot, in die Geschäftsunterlagen Einsicht zu gewähren (Ersetzungsbefugnis). Ist aber die Auskunftserteilung nach den in

BGHZ 7o, 86

angedeuteten Maßstäben unzumutbar und bietet der Konkursverwalter nicht die Einsichtnahme an, so kann das Verhalten des Konkursverwalters nach Maßgabe der Umstände des Einzelfalles als rechtsmißbräuchlich erscheinen. In einem solchen Fall kann es nach Treu und Glauben geboten sein, den Konkursverwalter zur Duldung der Einsichtnahme zu verurteilen. Zur Wahrung von Betriebs- und Geschäftsgeheimnissen ist auch die Einsichtnahme durch einen zur Verschwiegenheit verpflichteten Wirtschaftsprüfer in Betracht zu ziehen in Anlehnung an eine in Patentsachen entwickelte Praxis.

>Hierzu Stürner,
>Die Aufklärungspflicht der
>Parteien des Zivilprozesses
>(1976), S. 211 f., 372 f.

Auch bei einer Vielzahl von auskunftsberechtigten Sicherungsnehmern dürfte sich die Einsichtnahme durch einen einzigen Wirtschaftsprüfer für alle Sicherungsnehmer empfehlen.

Zur Begrenzung des Auskunftsanspruchs ist zu beachten, daß der Konkursverwalter keine Auskunft über Tatsachen zu geben braucht, die der Sicherungsnehmer selbst kennt oder kennen kann und muß. Deshalb braucht der Konkursverwalter beispielsweise nicht Auskunft darüber zu erteilen, welche Waren von dem Vorbehaltsverkäufer unter Eigentumsvorbehalt geliefert worden sind und deshalb ausgesondert werden könnten.

OLG Köln ZIP 1982, 1o7.

Die Auskunftspflicht des Konkursverwalters entfällt grundsätzlich mit der Beendigung des Konkursverfahrens.

OLG Köln ZIP 1982, 1o7 ff.

Ein Auskunftsanspruch gegen einen ehemaligen Konkursverwalter kann allenfalls noch geltend gemacht werden, wenn dieser ohne weiteren Zeitaufwand die Auskunft noch aus der Erinnerung erteilen und diese nicht vom Gemeinschuldner erlangt werden kann, der nach Konkursbeendigung wieder Auskunftsschuldner wird. War die Auskunft allerdings noch während des Konkursverfahrens vom Konkursverwalter verlangt worden, so muß er sie im Rahmen seiner Abwicklungsaufgaben auch nach Beendigung des Verfahrens noch erteilen, wenn sie sich auf Vorgänge bezieht, die mit der Verwaltung zusammenhängen.

Beispiel:

Der Vorbehaltsverkäufer hat um Auskunft gebeten, ob der Konkursverwalter eine bei Konkurseröffnung in der Istmasse vorhandene, unter Eigentumsvorbehalt gelieferte

Sache während des Verfahrens weiterverkauft oder
nach Einstellung des Verfahrens dem Gemeinschuldner ausgehändigt hat. Ist in diesem Fall die Auskunft von dem Gemeinschuldner nicht zu bekommen,
so ist der ehemalige Konkursverwalter auskunftspflichtig, wenn er die Auskunft ohne weiteren Zeitaufwand erteilen kann. Hatte der Vorbehaltsverkäufer
noch während des Verfahrens um Auskunft gebeten,
ob der Konkursverwalter die Sache weiterverkauft
hat, so muß der Verwalter die Auskunft in jedem
Fall erteilen.

Während der Sequestration ist grundsätzlich der
Schuldner selbst, nicht der Sequester, auskunftspflichtig. Eine Auskunftspflicht des Sequesters
kann nur in Betracht kommen, wenn der Schuldner
infolge der dem Sequester vom Gericht eingeräumten Befugnisse die für die Auskunft notwendigen
Unterlagen nicht einsehen kann.

    OLG Karlsruhe
    ZIP 1984, 990;
    vgl. auch LG Bonn
    ZIP 1984, 867 und 867 f.

Der Vorbehaltsverkäufer und der Globalzessionar können während der Sequestration auch im Wege einer
einstweiligen Verfügung erreichen, daß dem Schuldner die Erteilung der Auskunft über die Schuldner
der vorausabgetretenen Forderungen aufgegeben wird.
Jedoch sollte die einstweilige Verfügung dahin eingeschränkt werden, daß die Auskunft nicht dem Zessionar selbst erteilt wird, sondern etwa seinem

Rechtsanwalt, der die Namen der Drittschuldner nicht an den Zessionar weitergeben darf.

> OLG Karlsruhe
> ZIP 1984, 990;
> vgl. auch LG Bonn
> ZIP 1984, 867 und 867 f.

Ob der Konkursverwalter für Kosten der Auskunft einen Vorschuß oder Erstattung von dem Auskunftsberechtigten verlangen kann, ist in der Rechtsprechung nach wie vor ungeklärt.

Ein solcher Anspruch kommt jedenfalls nicht in Betracht, wenn der Konkursverwalter die Auskunft ohne weiteres aus dem von ihm zu erstellenden Inventar (§§ 123, 124 KO) erteilen kann. Denn die Aufzeichnung der Massegegenstände (§ 123 KO) und die Anfertigung des Inventars (§ 124 KO) sind Verwaltungshandlungen, deren Kosten aus der Masse zu decken sind. Deshalb scheidet hier ein Anspruch aus Geschäftsführung ohne Auftrag oder aus anderen gesetzlichen Vorschriften aus.

> OLG Stuttgart
> ZIP 1980, 528 f;
>
> LG Hamburg
> ZIP 1981, 1238 ff;
>
> a.A. AG Hamburg
> KTS 1974, 244;
>
> Borchers,
> KTS 1972, 237 ff;
>
> offengelassen in
> BGH ZIP 1983, 839,
> Revisionsurteil zu
> OLG Stuttgart
> ZIP 1981, 616,
> das eine GoA verneint hat.

Der Konkursverwalter hat gegen den Absonderungsberechtigten auch keinen Anspruch auf Ersatz der Kosten, die ihm durch die Prüfung der Absonderungsrechte entstanden sind, wenn der Absonderungsberechtigte keine Auskunft, sondern Herausgabe zum Zweck der Verwertung verlangt hat.

>OLG Karlsruhe
>ZIP 1981, 257 ff.

Wird der Konkursverwalter auf Herausgabe in Anspruch genommen, muß er die Masse gegen unberechtigte Ansprüche verteidigen. Die dafür notwendigen Ermittlungen gehören zu seinen Amtspflichten.

Wird der Konkursverwalter auf Auskunftserteilung in Anspruch genommen, so soll er nach der zitierten Entscheidung des OLG Karlsruhe

>ZIP 1981, 257

keinen Anspruch auf Kostenerstattung haben, wenn er die Auskunft vorbehaltlos erteilt. Zur Begründung wird angeführt, der Konkursverwalter hätte die Auskunft verweigern können, soweit diese die Masse mit Kosten belaste, oder die Auskunft auf ein Mindestmaß beschränken sollen. Erteile er aber die Auskunft, so habe er weder aus Geschäftsführung ohne Auftrag noch aus § 242 BGB einen Anspruch auf Kostenerstattung.

Das Amtsgericht Gütersloh

>ZIP 1981, 756 im Anschluß
>an unveröffentlichte Entscheidungen des
>AG Hamburg Altona
>- 317 C 53/78 -

Urt. v. 28.2.1978 und
des AG Flensburg
- 5 T 256/77 -,
Beschluß v. 9.12.1977;
ferner LG Bayreuth
KTS 1972, 269

hat dem Konkursverwalter einen Anspruch nach §§ 677, 683, 670 BGB zugesprochen wegen Aufwendungen für die Beaufsichtigung und Verladung von Vorbehaltsware. Die Gründe dieser Entscheidung würden auch einen Anspruch auf Erstattung von Auskunftsaufwendungen tragen, jedoch können diese nicht pauschaliert geltend gemacht, sondern müssen im einzelnen nachgewiesen werden.

LG Hamburg
ZIP 1981, 890.

Zusammenfassend läßt sich mit einiger Sicherheit nur folgendes sagen: Die Erstattung von Auskunftskosten scheidet in jedem Fall aus, wenn die Auskunft ohne große Mühe aus den Aufzeichnungen und dem Inventar erteilt werden kann, die der Konkursverwalter nach §§ 123, 124 KO anfertigen muß. Geht die verlangte Auskunft darüber hinaus, braucht der Konkursverwalter sie nur in den Grenzen zu erteilen, in denen sie nicht zu einem erheblichen Kostenaufwand zu Lasten der Masse führt. Verlangt der Sicherungsnehmer weitergehende Auskunft, so kann der Konkursverwalter einen Kostenvorschuß oder eine Kostenübernahmeerklärung verlangen, ehe er die Auskunft erteilt. Die Begründung dafür ergibt sich aus dem anerkannten Rechtssatz, daß der Auskunftsanspruch unter dem Gebot von Treu und Glauben steht und deshalb seine Grenzen in der Zumutbarkeit findet. Diese sind hier unter Berücksichtigung der Konkursgläubiger zu bestimmen, deren Quoten nicht durch Masseaufwendungen für Aus- und Absonderungsberechtigte gekürzt werden sollen.

So Jaeger/Henckel, KO 9. Aufl.,
§ 3 Anm. 25;
Mentzel/Kuhn/Uhlenbruck,
KO 9. Aufl., § 9 Anm. 21.

1.2.2 Inventarisierungspflicht

Nach § 123 KO ist der Konkursverwalter verpflichtet, die einzelnen zur Konkursmasse gehörigen Gegenstände unter Angabe ihres Wertes aufzuzeichnen. Er schafft damit zugleich die Grundlage für die Anfertigung des Inventars und der Bilanz (§ 124 KO). Mit Absonderungsrechten belastete Gegenstände gehören zur Masse und sind deshalb in das Verzeichnis aufzunehmen. Das Absonderungsrecht ist zu vermerken. Als Wert ist der zu erwartende Übererlös anzugeben.

> Jaeger/Weber, KO 8. Aufl.,
> § 123 Anm. 1, 2.

Hinsichtlich der Aussonderungsrechte ist zu unterscheiden: Gegenstände, die der Verwalter unzweifelhaft als fremdes Gut erkennt, braucht er in das Verzeichnis nicht aufzunehmen. Soweit hinsichtlich der Aussonderungsfähigkeit Zweifel bestehen, hat er im Verzeichnis einen entsprechenden Vermerk anzubringen.

> Jaeger/Weber, aaO.

Da man von dem Verwalter nicht verlangen kann, daß er bei Aufstellung des Verzeichnisses schon alle Kaufverträge auf die Wirksamkeit von Eigentumsvorbehaltsklauseln hin überprüft, ist ihm zu empfehlen, alle Istbestände in das Verzeichnis aufzunehmen und entsprechende Vermerke über Eigentumsvorbehalte anzubringen.

Die Aufzeichnungs-, Inventar- und Bilanzpflichten sind dem Konkursverwalter im Interesse einer ordnungsgemäßen Konkursabwicklung auferlegt. Auf Antrag des Verwalters und des Gläubigerausschusses kann das Konkursgericht gestatten, daß die Aufzeichnung der Massegegenstände unterbleibt. Der Umfang der Aufzeichnungspflicht ist für die Auskunftspflicht des Konkursverwalters wichtig, wie oben gezeigt wurde. Die Kosten der Aufzeichnung und des Inventars dürfen nicht den Auskunftsberechtigten angelastet werden. Sie sind aus der Masse zu bezahlen. Das gilt auch dann, wenn wegen umfangreicher Sicherungsrechte ein erhöhter Arbeitsaufwand für die Aufzeichnung nötig ist.

1.3 Die Herausgabepflicht des Konkursverwalters und ihre Grenzen

1.3.1 Eigentumsvorbehalt

Unter Eigentumsvorbehalt dem Gemeinschuldner gelieferte Sachen muß der Konkursverwalter dem Vorbehaltsverkäufer herausgeben (§§ 985 BGB, 43 KO), wenn er kein Recht zum Besitz hat (zum Fall der Verarbeitung unter Verwendung eigenen Materials s. 1.6.3). Das Besitzrecht des Käufers kann der Verkäufer durch Rücktritt (§§ 455, 326 BGB oder vereinbartes Rücktrittsrecht) beseitigen. Der Konkursverwalter kann das Besitzrecht des Käufers nur erhalten, wenn er nach § 17 KO die Erfüllung des Vertrages wählt, bevor der Rücktritt des Verkäufers wirksam geworden ist. Ein Zurückbehaltungsrecht (§§ 348, 320, 322, 1000 BGB) kann der Verwalter auch nach dem Rücktritt des Verkäufers noch geltend machen, wenn er oder der Gemeinschuldner Verwendungen auf die Sache gemacht hat, für die nach §§ 347, 994 ff BGB Ersatz verlangt werden kann.

Der Konkursverwalter handelt nicht pflichtwidrig, wenn er die nach der Behauptung des Verkäufers unter Eigentumsvorbehalt gelieferte Sache zurückbehält und schließlich veräußert, wenn der Verkäufer nicht die für die Massezugehörigkeit sprechende Vermutung des § 1006 BGB in angemessener Frist widerlegt.

        OLG Hamburg
        ZIP 1984, 348;
        OLG Köln
        ZIP 1984, 855.

1.3.2 Sicherungsübereignung

Sicherungsübereignete Sachen muß der Verwalter dem Sicherungsnehmer zum Zwecke der Verwertung herausgeben, da der Sicherungsnehmer ein eigenes Verwertungsrecht hat (§ 127 II KO). Erst wenn die dem Sicherungsnehmer nach § 127 II KO gesetzte Frist fruchtlos abgelaufen ist, hat der Konkursverwalter ein eigenes Verwertungsrecht und damit ein Recht zum Besitz der Sache gegenüber dem Sicherungsnehmer (§ 127 I KO).

1.3.3 Leasingverträge

Bei Leasingverträgen ist zunächst zu unterscheiden zwischen dem Operating-Leasing und dem Finanzierungsleasing. Beim Operating-Leasing wird der Vertrag auf unbestimmte Zeit geschlossen. Er kann von beiden Seiten ordentlich - unter Beachtung vertraglich vereinbarter Kündigungsregeln - gekündigt werden. Solche Leasingverträge werden vor allem geschlossen, wenn dem Leasingnehmer daran gelegen ist, Maschinen oder Anlagen vorübergehend zu nutzen oder durch entsprechende Produkte der neuesten technischen Entwicklung zu ersetzen. Der Operating-Leasing-Vertrag ist unstreitig Mietvertrag. Auf ihn findet deshalb im Konkurs § 19 KO Anwendung. Deshalb kann sowohl der Leasinggeber als auch der Konkursverwalter den Vertrag unter Einhaltung der gesetzlichen Frist kündigen.

> Jaeger/Henckel,
> KO 9. Aufl., § 19 Anm. 12.

Nach Ablauf der Kündigungsfrist muß der Konkursverwalter die Sache herausgeben.

Streitig ist dagegen die konkursrechtliche Einordnung des Finanzierungsleasing, bei dem der Zweck einer Fremdfinanzierung von Investitionen im Vordergrund steht.

Wird der Finanzierungsleasingvertrag ohne Kauf- oder Verlängerungsoptionsrecht des Leasingnehmers abgeschlossen, so handelt es sich um einen Gebrauchsüberlassungsvertrag, auf den § 19 KO anzuwenden ist.

>   Jaeger/Henckel,
>   KO 9. Aufl., § 19 Anm. 16.

Auf Leasingverträge mit Kaufoption wendet die h. L. ebenfalls § 19 KO an.

>   BGHZ 71, 189 ff.;
>   Baumgarte,
>   Leasingverträge über bewegliche Sachen im Konkurs
>   (1980) S. 6o ff.;
>   Jaeger/Henckel,
>   KO 9. Aufl., § 19 Anm. 17 m.w.N.

Dafür spricht, daß der Vertrag bis zur Ausübung der Option Gebrauchsüberlassungsvertrag ist und das Entgelt in erster Linie für die Gebrauchsmöglichkeit gezahlt wird. Der entscheidende Grund dafür, daß der Gesetzgeber die Mietverträge der Regelung des § 17 KO entzogen und in § 19 KO einer abweichenden Rechtsfolge unterworfen hat, liegt darin, daß der Vermieter den Mietvertrag ohne eigenes Zutun über den Zeitpunkt der Konkurseröffnung hinaus erfüllt, wenn die Sache dem Gemeinschuldner vor Konkurseröffnung überlassen worden ist und dort verbleibt. Wäre § 17 KO anwendbar, könnte der Vermieter, wenn der Konkursverwalter die Erfüllung ablehnt, für die Zeit ab Eröffnung des Konkurses keinen Mietzins mehr verlangen. Der Vermieter hätte lediglich einen Schadensersatzanspruch, der Konkursforderung wäre (§ 26 KO). Den Vermieter diesem Risiko auszusetzen, wäre unangemessen, wenn er die Sache nicht bewußt und gegen den Willen des Konkursverwalters in der Masse beläßt.

>   Jaeger/Henckel,
>   KO 9. Aufl., § 19 Anm. 3.

Dieser Gesichtspunkt ist auch für die Leasingverträge mit Kaufoption ausschlaggebend.

>   Jaeger/Henckel,
>   KO 9. Aufl., § 19 Anm. 17.

§ 19 KO bewirkt, daß der Leasinggeber, der dem Gemeinschuldner die Sache vor Konkurseröffnung zum Gebrauch überlassen hat, von der Konkurseröffnung an die vertragliche Gegenleistung bekommt, bis der Vertrag für die Zukunft durch Kündigung beendet wird.

Derselbe Grund spricht für die Anwendung des § 19 KO auf Leasingverträge mit Verlängerungsoption.

>   Jaeger/Henckel,
>   KO 9. Aufl., § 19 Anm. 2o.

Mit der Anwendung des § 19 KO ist aber noch nicht gesagt, daß der Leasinggeber ohne Einschränkung den Vertrag kündigen dürfte. Anders als beim normalen Mietvertrag hat der Leasinggeber mit der Einräumung der Kaufoption dem Leasingnehmer die Entscheidung überlassen, ob dieser nach Ablauf der Grundmietzeit die Sache zurückgeben will. Deshalb darf der Leasinggeber die Ausübung des Options-

rechts dem Konkursverwalter nicht dadurch vereiteln,
daß er den Leasingvertrag mit gesetzlicher Frist kündigt.
Das Kündigungsrecht steht dem Leasinggeber deshalb nur
zu, wenn der Konkursverwalter mit den Leasingraten in
Verzug gerät. Allerdings kann dem Leasinggeber nicht
zugemutet werden, unbegrenzt zu warten, ob der Konkursverwalter von dem Optionsrecht Gebrauch machen will. In
entsprechender Anwendung des § 17 II KO kann der Leasinggeber den Konkursverwalter auffordern, sich zu erklären,
ob er das Optionsrecht ausüben will. Verneint der Konkursverwalter dies oder erklärt er sich nicht rechtzeitig, kann der Leasinggeber nach § 19 KO mit gesetzlicher
Frist kündigen und nach Ablauf dieser Frist die Sache
herausverlangen.

    Jaeger/Henckel,
    KO 9. Aufl., § 19 Anm. 18.

Für den Konkursverwalter könnte eine vorzeitige Ausübung
der Option interessant sein, wenn er die Sache für die
Masse günstig verwerten kann. Da die Leasingverträge
üblicherweise eine vorzeitige Ausübung des Optionsrechts
nicht zulassen, wird man sie auch dem Konkursverwalter
grundsätzlich nicht zusprechen können. Im Einzelfall
kann aber der Leasinggeber nach Treu und Glauben verpflichtet sein, dem Konkursverwalter die Sache vorzeitig zu verkaufen, wenn dieser einen Preis anbietet, der
den im Vertrag niedergelegten Bedingungen und den Preiskalkulationen entspricht und auch der verkürzten Laufzeit
Rechnung trägt. Eine solche Verpflichtung des Leasinggebers setzt aber voraus, daß seine schutzwürdigen Interessen nicht verkürzt werden.

    Jaeger/Henckel,
    KO 9. Aufl., § 19 Anm. 19.

Auch eine Verlängerungsoption darf der Leasinggeber nicht durch Kündigung des Leasingvertrages vereiteln. Das Recht des Leasingnehmers, nach Beendigung der Grundmietzeit die Sache für ein niedriges Entgelt weiterzubenutzen, darf der Masse nicht entzogen werden. § 19 KO gestattet also dem Leasinggeber die vorzeitige Kündigung nur, wenn der Konkursverwalter erklärt, daß er von der Verlängerungsoption keinen Gebrauch machen will oder wenn er sich auf eine entsprechende Aufforderung des Leasinggebers nicht rechtzeitig erklärt.

>Jaeger/Henckel,
>KO 9. Aufl., § 19 Anm. 20.

1.3.4 Grenzen der Herausgabepflicht

Nach geltendem Recht muß also der Konkursverwalter die Mobiliarsicherheiten grundsätzlich kurzfristig herausgeben.

>Zur Sicherung des Herausgabeanspruchs durch einstweilige Verfügung s. OLG Düsseldorf
>ZIP 1983, 1097;
>OLG Köln
>ZIP 1984, 89.

Unter Eigentumsvorbehalt erworbene Sachen kann er nur behalten, wenn er die Erfüllung des Kaufvertrages wählt, sicherungsübereignete Sachen und Gegenstände, an denen sonst ein Absonderungsrecht besteht, kann er der Masse nur erhalten und zu ihren Gunsten verwerten, wenn er das Absonderungsrecht ablöst. Versäumt der Sicherungsnehmer die Frist des § 127 II KO, so kann der Konkursverwalter die Herausgabe verweigern und die Sache zugunsten des Sicherungsnehmers verwerten, einen Verwertungsüberschuß der Masse zuführen. Leasingobjekte muß der Konkursverwalter kurzfristig herausgeben, wenn er nicht von einem Optionsrecht Gebrauch macht und deshalb der Leasinggeber mit der kurzen gesetzlichen Frist kündigt. Dieses Ergebnis ist de lege lata grundsätzlich angemessen, wenn es sich um Umlaufvermögen handelt.

Schwierigkeiten können aber entstehen, wenn das Sicherungsgut zum Anlagevermögen gehört. Will der Konkursverwalter das Unternehmen fortführen oder im ganzen veräußern, so kann die Abwicklung des Verfahrens erheblich gestört werden, wenn der Sicherungsnehmer einzelne, für die Fortführung des Unternehmens unverzichtbare Sachen wegholt und damit den Betrieb stillegt oder eine Veräußerung uninteressant macht. Die starke Rechtsposition, die der Sicherungsnehmer nach geltendem Recht hat, kann ihm Anlaß geben, den Konkursverwalter zu Konzessionen zu nötigen, wenn dieser über den Verbleib der Sache in der Masse verhandelt. Der Konkursverwalter aber darf dem Sicherungsnehmer keine Sondervorteile verschaffen, ihm also z.B. nicht volle Deckung versprechen, wenn er bei einer Eigenverwertung teilweise ausfallen würde. Ebensowenig darf es der Verwalter hinnehmen, daß ein Käufer des Betriebes den Kaufpreis um den Betrag kürzt, den er dem Sicherungsnehmer dafür konzediert hat, daß er das Sicherungsgut im Betrieb läßt. Extreme Störungen der Konkursabwicklung treten auf, wenn die Anlagen der elektronischen Datenverarbeitung, mit denen der Gemeinschuldner seine Handelsbücher geführt hat, unter Eigentumsvorbehalt erworben, sicherungsübereignet oder gemietet wurden und der Verkäufer, Sicherungsnehmer oder Vermieter die sofortige Herausgabe der Anlagen verlangt. In solchen Fällen kann nur mit den Generalklauseln geholfen werden, die auch im Rahmen des § 985 BGB angewendet werden können.

Soergel/Mühl,
BGB 11. Aufl., § 986 Anm. 8.

Dabei sind aber strenge Maßstäbe anzulegen.

> Jaeger/Henckel,
> KO 9. Aufl., § 19 Anm. 6.

Voraussetzung ist, daß der Sicherungsnehmer (Vermieter) kein schutzwürdiges Interesse an der Herausgabe hat und dieser überwiegende Belange der Konkursabwicklung und der Konkursbeteiligten entgegenstehen. Der Konkursverwalter muß also für die vorübergehende Nutzung volle Entschädigung anbieten und, falls er die Sache selbst verwerten will - etwa im Rahmen einer Betriebsveräußerung -, dem Sicherungsnehmer eine Deckung garantieren in der Höhe, wie dieser sie bei der Eigenverwertung erzielt hätte.

1.3.5 Herausgabepflicht bei Vermischung oder Verarbeitung

Hinsichtlich des Umlaufvermögens treten Schwierigkeiten auf, wenn Sachen verschiedener Lieferanten vermischt oder verarbeitet worden sind oder auch die Feststellung der Aus- und Absonderungsrechte einen erheblichen Zeit- und Kostenaufwand erfordert. Das kann etwa der Fall sein, wenn mehrere Lieferanten gleichartige Waren geliefert haben, die nur in einem langwierigen und kostspieligen Verfahren den einzelnen Lieferungen zugeordnet werden können. Soweit durch Vermischung oder Verarbeitung Miteigentum mehrerer Lieferanten begründet worden ist, kann der Konkursverwalter zwar die vermischte Sachgesamtheit oder die durch Verarbeitung hergestellte Sache an alle beteiligten Lieferanten als Miteigentümer bzw. absonderungsberechtigte Sicherungsmiteigentümer herausgeben, für alle hinterlegen oder, wenn die Sache sich zur Hinterlegung nicht eignet, an einen gerichtlich zu bestellenden Verwahrer abliefern (§§ 1o11, 432 BGB). Jedoch setzt dies voraus, daß der Konkursverwalter weiß, wer als Miteigentümer beteiligt ist.

Ob der Konkursverwalter auch zugunsten unbestimmter Personen hinterlegen darf, hängt davon ab, ob § 372 BGB auch auf dingliche Ansprüche angewendet werden darf, die auf Besitzverschaffung gehen. Diese Frage ist zu bejahen.

>Jauernig,
>ZIP 198o, 41o, 411;
>Planck/Siber,
>BGB 4. Aufl., Anm. 1 vor § 372;
>Staudinger/Kaduk,
>BGB 1o./11. Aufl., § 372 Rz. 23.

Jedoch kann der Konkursverwalter nicht gezwungen werden, das Sicherungsgut zu hinterlegen, wenn nicht feststeht, wer an dem Sicherungsgut dinglich berechtigt ist. Daß der Konkursverwalter bis zur Klärung dieser Frage das Sicherungsgut nicht herauszugeben braucht, berechtigt ihn aber nicht zur Verwertung. Andererseits setzt die Verwertung durch die Sicherungsnehmer voraus, daß sie ihre Rechte nachweisen können; denn anders können sie mit ihrem Herausgabeanspruch keinen Erfolg haben. Der dadurch erzwungene Verwertungsaufschub kann für alle Beteiligten erhebliche Nachteile bringen, insbesondere, wenn es sich um verderbliche oder um Saisonware handelt, die schnell ihren Wert verliert. Eine angemessene Lösung ist de lege lata nur zu finden, wenn die Voraussetzungen für eine Versteigerung oder einen freihändigen Verkauf nicht hinterlegungsfähiger Sachen vorliegen (§§ 383, 385 BGB).

> Dazu Jauernig,
> ZIP 1980, 41o ff.

1.4 Verwertungsrecht des Konkursverwalters?

Ein eigenes Verwertungsrecht hat der Konkursverwalter hinsichtlich der Mobiliarsicherheiten grundsätzlich nur, wenn der Sicherungsnehmer Absonderungsberechtigter ist und die nach § 127 II KO gesetzte Frist fruchtlos hat verstreichen lassen. Darüber hinaus kann der Konkursverwalter Sicherungsgut versteigern oder durch freihändigen Verkauf veräußern lassen, wenn die Voraussetzungen der §§ 383, 385 BGB vorliegen.

> S. dazu Jauernig,
> ZIP 1980, 41o ff.
> und oben 1.3.5.

Soweit der Konkursverwalter nicht zur Verwertung berechtigt ist, kann ihn auch keine Verwertungspflicht treffen. Die Tatsache allein, daß die Verwertung durch den Konkursverwalter für die Masse vorteilhafter wäre als eine Eigenverwertung durch den Sicherungsnehmer, kann keine Pflicht des Verwalters gegenüber den Konkursgläubigern zur Verwertung des Sicherungsgutes begründen. Allenfalls besteht eine Pflicht, im Interesse der Konkursgläubiger mit den Sicherungsnehmern zu verhandeln mit dem Ziel, daß diese dem Verwalter die Verwertung gestatten sollten.

1.5 Benutzung, Nutzungen, Weiterveräußerung, Verbrauch und Verarbeitung von Vorbehaltsware durch den Konkursverwalter

1.5.1 Benutzung und Nutzungen

Vorbehaltsware kann der Verwalter nach Maßgabe des zwischen dem Verkäufer und dem Gemeinschuldner geschlossenen Vertrages benutzen und daraus Nutzungen ziehen.

Serick, aaO.,
Band V § 62 II 2 b S. 336.

Tritt der Verkäufer vom Vertrag zurück, muß der Verwalter dem Verkäufer die gezogenen Nutzungen nach §§ 347, 987 BGB vergüten und für eine schuldhafte Verschlechterung der Sache nach §§ 347, 989 BGB Schadensersatz leisten. Die Ansprüche des Verkäufers sind Masseschuldansprüche, soweit die Nutzungen vom Konkursverwalter nach Konkurseröffnung gezogen worden sind bzw. die schadenstiftende Handlung vom Konkursverwalter vorgenommen wurde.

Ob eine vertragswidrig vom Konkursverwalter gezogene Nutzung als Erfüllungswahl im Sinne des § 17 KO anzusehen ist, wird man nicht generell bejahen oder verneinen können. Es hängt von den Umständen des Einzelfalles ab, ob das Verhalten des Verwalters als Erfüllungsverlangen ausgelegt werden kann.

1.5.2 Weiterveräußerung und Verbrauch

1.5.2.1 Einfacher Eigentumsvorbehalt, Weiterveräußerung

Hat der Vorbehaltsverkäufer dem späteren Gemeinschuldner gestattet, die unter Eigentumsvorbehalt gelieferte Ware im ordnungsmäßigen Geschäftsbetrieb weiter zu veräußern, stellt sich die Frage, ob diese Ermächtigung die Konkurseröffnung überdauert.

Nach heute herrschender Meinung erlischt beim einfachen Eigentumsvorbehalt die Veräußerungsermächtigung nicht nur, wenn der Konkursverwalter die Erfüllung ablehnt, sondern auch dann, wenn er die Erfüllung wählt. Die Veräußerung durch den Konkursverwalter ist danach keine Veräußerung im ordnungsmäßigen Geschäftsgang. Deshalb ist der Konkursverwalter nach dieser Ansicht erst zur Weiterveräußerung berechtigt, wenn er den Kaufpreis voll bezahlt und damit das Eigentum für die Masse erworben hat.

>BGH NJW 1953, 217 ff.;
>Böhle-Stamschräder/Kilger,
>KO 14. Aufl., § 46 Anm. 7;
>Mentzel/Kuhn/Uhlenbruck,
>KO 9. Aufl., § 46 Rz. 1o;
>Serick, aaO.,
>Band V § 62 LI 2 S. 329 ff.

Begründet wird dies damit, daß die Erfüllungswahl des Konkursverwalters nicht automatisch zum Fortbestand der Veräußerungsermächtigung führen könne. Denn mit der Erfüllungswahl ist der Konkursverwalter an den Vertrag so gebunden, wie ihn der Gemeinschuldner geschlossen hat. War dieser zur Veräußerung nur im Rahmen ordnungsmäßigen Geschäftsganges ermächtigt, so bindet diese Einschränkung auch den Konkursverwalter. Daß die Veräußerung durch den Konkursverwalter sich in diesem Rahmen hielte, verneint die herrschende Meinung, weil der Vorbehaltsverkäufer durch die Veräußerung sein Aussonderungsrecht verliere, das ihn auch für den Fall sichern soll, daß der Konkursverwalter zwar die Erfüllung wählt, aber den Kaufpreis nicht bezahlen kann. Daß der Vorbehaltsverkäufer einen Masseschuldanspruch nach § 59 I Nr. 2 KO erwirbt, wenn der Konkursverwalter die Erfüllung wählt, reiche nicht aus, um eine Veräußerung im ordnungsmäßigen Geschäftsgang anzunehmen. Denn ein ordnungsmäßiger Geschäftsgang liegt nach dieser Ansicht nur vor, wenn der Vorbehaltsverkäufer keine Einbuße an seiner Sicherheit erleidet. Da nach dieser Ansicht die Veräußerung durch den Konkursverwalter nicht durch die Ermächtigung des Vorbehaltsverkäufers gedeckt ist, hat dieser ein Ersatzaussonderungsrecht (§ 46 KO), wenn der Konkursverwalter die Vorbehaltsware veräußert.

Diese Auffassung möchte ich in Frage stellen. Rein logisch sind folgende Lösungen denkbar:

1) Jede Veräußerung durch den Konkursverwalter ist rechtmäßig, gleichgültig ob er die Erfüllung wählt oder nicht.

2) Die Veräußerung durch den Konkursverwalter ist stets dahin auszulegen, daß er die Erfüllung wählt.

   a) Muß der Konkursverwalter den Vertrag erfüllen, ist seine Veräußerung rechtmäßig.

   b) Die Veräußerung durch den Konkursverwalter ist auch dann rechtswidrig, wenn er die Erfüllung wählt.

3) Die Veräußerung durch den Konkursverwalter allein ist nicht als Erfüllungswahl anzusehen.

a) Wählt der Konkursverwalter die Erfüllung, ist seine Veräußerung rechtmäßig.

b) Auch wenn der Konkursverwalter die Erfüllung wählt, ist die Veräußerung rechtswidrig.

Die Lösung zu 1) widerspricht dem Gesetz. Sie würde bedeuten, daß der Konkursverwalter regelmäßig Vorbehaltsware selbst veräußern darf. Denn wenn ein Verkäufer Ware verkauft, die zur Weiterveräußerung bestimmt ist, wird er diese regelmäßig dem Käufer gestatten. Denn nur so kann ein Käufer seine Kaufpreisschulden erfüllen. Liegt aber regelmäßig eine Weiterveräußerungsermächtigung vor, und würde diese jede Veräußerung des Konkursverwalters decken, so hätte dieser damit nahezu ausnahmslos ein Verwertungsrecht. Das Gesetz geht jedoch davon aus, daß der Vorbehaltsverkäufer aussondern kann, wenn der Konkursverwalter den Vertrag nicht erfüllt, und daß der Konkursverwalter deshalb kein Verwertungsrecht hat.

Aus demselben Grunde scheidet die Lösung zu 2) a) aus. Denn wenn jede Veräußerung zugleich Erfüllungswahl wäre, so wäre jede Veräußerung nach dieser Lösung rechtmäßig. Das liefe ebenso auf ein nahezu uneingeschränktes Selbstverwertungsrecht des Konkursverwalters hinaus wie die Lösung zu 1).

Bleiben also nur noch die Lösungen zu 2) b) und zu 3). Die Lösung zu 2) b) entspricht der Auffassung von Serick (aaO). Zwar hat er keinen Grund, beim einfachen Eigentumsvorbehalt zu prüfen, ob die Veräußerung als Erfüllungswahl zu verstehen ist, weil er sie auch dann als rechtswidrig, d.h. durch die Ermächtigung nicht gedeckt ansieht, wenn der Konkursverwalter die Erfüllung wählt. Bei der Behandlung des verlängerten Eigentumsvorbehalts aber sagt er ausdrücklich, daß der - ermächtigte - Konkursverwalter, der die Ware veräußert, damit die Erfüllung wähle.

> Serick, aaO.,
> Band V § 62 VIII 2 a S. 396,
> § 62 IX 19 a S. 4o6.

Demgegenüber halte ich es für problematisch, in jeder Weiterveräußerung durch den Konkursverwalter die Erfüllungswahl zu sehen. Die Erfüllungswahl des Konkursverwalters ist eine rechtsgeschäftliche Erklärung, die bewirkt, daß die normalen konkursrechtlichen Folgen nicht eintreten sollen, die darin bestehen würden, daß der Verkäufer mit seinem Differenzanspruch Konkursgläubiger würde (§§ 3, 26 KO). Sie begründet die Verpflichtung des Konkursverwalters, die Gegenleistung aus der Masse voll zu erbringen (§ 59 I Nr. 2 KO). Rechtsgeschäftliche Erklärungen bedürfen der Auslegung, die auch die Rechtsfolgen berücksichtigen muß. Während bei der Erfüllungswahl der Kaufpreis zu zahlen ist, hat der Vorbehaltsverkäufer bei der Erfüllungsablehnung im Wege der Ersatzaussonderung nur ein Recht auf den Verwertungserlös, den der Konkursverwalter durch die Weiterveräußerung erzielt. Dieser Unterschied wird bedeutsam, wenn der Konkursverwalter die Ware nur unter dem Einkaufspreis weiterveräußern kann. Deshalb wird man unterscheiden müssen, ob der Konkursverwalter den Vertrag erfüllen und den Kaufpreis bezahlen oder die Sache nur für den Vorbehaltsverkäufer verwerten will. Den ersten Weg wird er wählen, wenn er einen höheren Kaufpreis als den Einkaufspreis erwartet. Andernfalls wird er die Erfüllung ablehnen. Hat er die Erfüllung schon ausdrücklich abgelehnt, so wird man die Weiterveräußerung, die der Konkursverwalter vielleicht irrtümlich vornimmt, weil er die Ware mit vorbehaltsfreier, massezugehöriger Ware verwechselt, selbst dann nicht als Erfüllungswahl ansehen, wenn man gegen die herrschende Meinung meiner Ansicht folgt, daß der Konkursverwalter noch die Erfüllung wählen kann, nachdem er sie zunächst abgelehnt hatte.

>   Jaeger/Henckel,
>   KO 9. Aufl., § 17 Anm. 152.

Denn nach ausdrücklicher Erfüllungsablehnung bedarf die danach erklärte Erfüllungswahl einer deutlichen und eindeutigen Erklärung. Deshalb meine ich, daß man die Weiterveräußerung nicht stets als Erfüllungswahl ansehen kann. Die Weiterveräußerung kann auch dahin ausgelegt werden, daß der Konkursverwalter sich ein Verwertungsrecht an fremder Sache anmaßt oder irrtümlich annimmt, die Sache gehöre zur Masse.

Damit scheidet auch die Lösung 2) b) aus. Es bleiben dann nur noch die Lösungen zu 3) a) und 3) b).

Die herrschende Meinung folgt der Lösung 3) b), weil der Vorbehaltsverkäufer durch die Veräußerung sein Aussonderungsrecht verliere, bei unberechtigter Veräußerung ein Ersatzaussonderungsrecht hätte, bei Annahme einer berechtigten Veräußerung aber "nur" einen Masseschuldanspruch nach § 59 I Nr. 2 KO, der sich als schwach erweisen kann, wenn die Masse nicht ausreicht, die erstrangigen Masseansprüche zu decken (§ 60 KO).

Demgegenüber muß gefragt werden, ob ein ordnungsmäßiger Geschäftsgang nur anzunehmen ist, wenn die dingliche Sicherung des Vorbehaltsverkäufers erhalten bleibt. Bei der Antwort ist zu berücksichtigen, daß der Vorbehaltsverkäufer durch den Konkurs nicht besser gestellt werden kann, als er ohne den Konkurs stünde. Wer eine Ware unter einfachem Eigentumsvorbehalt verkauft und dem Käufer die Weiterveräußerung gestattet, ohne sich für den Fall der Weiterveräußerung dinglich zu sichern, vertraut darauf, wie der BGH

NJW 1953, 217

zutreffend ausführt, daß der Käufer aus dem Weiterverkaufserlös den Kaufpreis bezahlen wird, jedenfalls aber darauf, daß der Käufer liquide bleibt. Er vertraut dagegen nicht auf den Fortbestand seiner Sicherheit. Diese will er sich nur erhalten für den Fall, daß der Käufer in einer Weise verkauft, die sein Vertrauen enttäuscht, nämlich im ordnungswidrigen Geschäftsgang. Deshalb genügt es für die Annahme, daß die Ermächtigung eine Veräußerung nicht decke, nicht schon, daß der Vorbehaltsverkäufer durch die Veräußerung sein Eigentum verliert, wenn der Konkursverwalter veräußert. Gegen diesen Verlust wollte der Verkäufer nicht geschützt sein, wenn er damit rechnen konnte, daß er den Kaufpreis bekommt. Deshalb ist zu fragen, ob die Aussicht des Verkäufers, den Kaufpreis zu bekommen, durch die Konkurseröffnung geschmälert wird, wenn der Konkursverwalter die Erfüllung des Kaufvertrages wählt.

Das ist meines Erachtens grundsätzlich zu verneinen.
Denn der Vorbehaltsverkäufer hat dann einen Masseschuldanspruch nach §§ 17, 59 I Nr. 2 KO, der unter diesen
Ansprüchen den besten Rang hat (§ 60 KO), und daneben
einen Haftungsanspruch gegen den Konkursverwalter,
wenn dieser die Erfüllung wählt und damit eine Masseschuld begründet, die er nicht erfüllen kann (§ 82 KO).
Der Vorbehaltsverkäufer steht also auf keinen Fall
schlechter, als wenn der Käufer solvent geblieben
wäre, solange die Masse liquide ist. Im übrigen ist
die Prämisse des BGH, daß der Ersatzaussonderungsanspruch des Vorbehaltsverkäufers wertvoller ist als
der Masseschuldanspruch, nicht in allen Fällen richtig.
Denn nach § 59 I Nr. 2 KO i.V.m. § 17 KO bekommt der
Vorbehaltsverkäufer den vollen Kaufpreis, der nicht
selten höher liegen wird als der Veräußerungserlös,
den der Konkursverwalter erzielt.

Eine Gefährdung des Vorbehaltsverkäufers droht deshalb
nur dann, wenn der Konkursverwalter die Masseschuld
des § 59 I Nr. 2 KO nicht erfüllen kann, also in der
Situation des § 60 KO. Deshalb erscheint es mir richtig, die Veräußerung durch den Konkursverwalter, der
die Erfüllung des Kaufvertrages gewählt hat, nur dann
als durch die Ermächtigung des Vorbehaltsverkäufers
nicht mehr gedeckt anzusehen, wenn der Konkursverwalter veräußert, obwohl er den Kaufpreis nicht aus der
Masse bezahlen kann. Solange dagegen der Konkursverwalter nicht die Erfüllung gewählt hat, ist die von
ihm vorgenommene Veräußerung durch die Ermächtigung
nicht gedeckt.

Im Ergebnis ist der Unterschied zur herrschenden Meinung
nicht groß. Denn auch die herrschende Meinung gibt dem
Verkäufer den Masseschuldanspruch des § 59 I Nr. 2 KO.
Daß er daneben den Ersatzaussonderungsanspruch aus
§ 46 KO haben soll, ist ohne praktische Bedeutung, wenn
der Konkursverwalter den Masseschuldanspruch erfüllen
kann, zumal wenn man annimmt, daß der Verkäufer mit dem
Ersatzaussonderungsanspruch nicht mehr bekommt als den
noch ausstehenden Kaufpreis.

    So Serick, aaO,
    Band V § 62 II 2 a S. 332.

Hat aber der Konkursverwalter die Sache weiterveräußert,
ohne die Masseschuld aus § 59 I Nr. 2 KO erfüllen zu können, so besteht auch nach der hier vertretenen Ansicht
der Ersatzaussonderungsanspruch des § 46 KO, weil dann
die Veräußerung nicht mehr durch die Ermächtigung gedeckt ist.

Die hier vertretene Auffassung, daß die Veräußerungsermächtigung grundsätzlich die Konkurseröffnung überdauert,
wenn der Konkursverwalter die Erfüllung wählt, könnte
freilich in Frage gestellt sein, wenn die Veräußerungsermächtigung schon vor Konkurseröffnung erloschen wäre.
Serick hat nachgewiesen, daß der Vorbehaltsverkäufer in
der Zeit zwischen Zahlungseinstellung und Konkurseröffnung gefährdeter ist als nach Konkurseröffnung.

    Serick, aaO, Band V
    § 62 II 3 a u. b S. 340 ff.

Der Wille des Gemeinschuldners, den Vertrag trotz der
Krise zu erfüllen, bindet den Konkursverwalter nicht.
Dieser kann die Erfüllung ablehnen (§ 17 KO). Der Vor-
behaltsverkäufer ist im Falle der Weiterveräußerung

durch den Gemeinschuldner einfacher Konkursgläubiger. Die
Ersatzaussonderung versagt, wenn der Gemeinschuldner die
Gegenleistung vor Konkurseröffnung erhalten hat. Das muß
aber nicht bedeuten, daß die Weiterveräußerungsermächtigung mit der Zahlungseinstellung erlischt. Sie besteht
fort als Ermächtigung zur Veräußerung im ordnungsmäßigen
Geschäftsgang.

Die Veräußerung durch den Gemeinschuldner nach Zahlungseinstellung kann nicht als im ordnungsgemäßen Geschäftsverkehr vorgenommen angesehen werden. Sie ist von der an
sich fortbestehenden Veräußerungsermächtigung nicht gedeckt; wohl aber die Veräußerung durch den Konkursverwalter, der die Erfüllung gewählt hat und den Kaufpreis als
Masseschuld aus der Masse tilgen kann.

Auch die Veräußerung durch den Schuldner mit Zustimmung
eines Sequesters oder durch diesen selbst im Rahmen der
ihm eingeräumten Verfügungsbefugnis erfolgt nicht im ordnungsmäßigen Geschäftsverkehr. Denn die Weiterveräußerung
während der Sequestration ist für den Vorbehaltsverkäufer
mit erheblichen Gefahren verbunden. Eine Erklärung des
Sequesters, den Vertrag mit dem Vorbehaltsverkäufer nach
der Konkurseröffnung erfüllen zu wollen, bindet den Konkursverwalter selbst dann nicht, wenn er mit dem Sequester
identisch ist.

    Vgl. BGHZ 86, 190 ff.

Ein Masseschuldanspruch nach § 59 I Nr. 2 KO entsteht also nicht, wenn später der Konkursverwalter die Erfüllung
ablehnt. Ein Ersatzaussonderungsanspruch (§ 46 KO) entfiele, wenn die Veräußerung durch die Ermächtigung des

Vorbehaltsverkäufers gedeckt und deshalb rechtmäßig wäre, scheitert im übrigen auch, wenn der Kaufpreis noch vor der Konkurseröffnung an den Gemeinschuldner oder den Sequester gezahlt worden ist.

> Vgl. Serick, aaO, Band V
> § 62 II 3 b und c, S. 344 ff.

Der Vorbehaltsverkäufer trüge also, wenn die Veräußerungsermächtigung fortbestünde, das Risiko, seine Kaufpreisforderung nur als Konkursforderung geltend machen zu können und die Sicherheit zu verlieren. Dieses Risiko wollte er mit der Veräußerungsermächtigung nicht eingehen. Die Veräußerung ist also unberechtigt. Steht die Forderung gegen den Zweitkäufer bei Konkurseröffnung noch aus, kann der Vorbehaltsverkäufer Ersatzaussonderung beanspruchen (§ 46 KO). Im übrigen haftet der Sequester persönlich, wenn er die Sache ohne Erlaubnis weiterveräußert (§ 82 KO analog).

1.5.2.2 Einfacher Eigentumsvorbehalt, Verbrauch

Hat der Vorbehaltsverkäufer den späteren Gemeinschuldner zum Verbrauch der gelieferten Ware ermächtigt, gilt grundsätzlich nichts anderes als bei der Veräußerungsermächtigung. Auch hier vertraut der Vorbehaltsverkäufer nur auf die Zahlungsfähigkeit des Käufers, so daß zu fragen ist, ob dieses Vertrauen durch die Konkurseröffnung enttäuscht wird. Deshalb deckt die Ermächtigung den Verbrauch nicht, solange der Konkursverwalter nicht die Erfüllung des Vertrages gewählt hat. Ob der Verbrauch als Erfüllungswahl anzusehen

ist, muß durch Auslegung ermittelt werden. Wählt der
Verwalter die Erfüllung, so ist der Verbrauch nur
dann nicht von der Ermächtigung gedeckt, wenn der
Konkursverwalter die Masseschuld (§§ 17, 59 I Nr. 2 KO)
nicht erfüllen kann.

1.5.2.3 Verlängerter Eigentumsvorbehalt, Weiterveräußerung

Ob die Veräußerungsermächtigung die Konkurseröffnung
überdauert, wenn der Vorbehaltsverkäufer sich die Forderung aus dem Weiterverkauf im voraus hat abtreten
lassen, hängt auch in diesem Fall davon ab, ob die
Weiterveräußerung durch den Konkursverwalter im ordentlichen Geschäftsgang erfolgt. Das wäre nicht der
Fall, wenn sich die Rechtsstellung des Vorbehaltsverkäufers durch die Weiterveräußerung verschlechtern
sollte.

Beim verlängerten Eigentumsvorbehalt vertraut der
Verkäufer - anders als beim einfachen Eigentumsvorbehalt - nicht nur auf die Zahlungsfähigkeit des ermächtigten Käufers; vielmehr vertraut er auch auf die
Sicherheit, die ihm die vorausabgetretene Forderung
bieten soll. Deshalb kommt es hier zunächst darauf
an, ob er diese Sicherheit auch erwirbt, wenn der
Konkursverwalter veräußert.

Der Forderungsübergang wird grundsätzlich nicht durch
§ 15 KO ausgeschlossen, obwohl der Wortlaut der Vorschrift eine solche Annahme nahelegt. Jedoch besteht
Einigkeit, daß der Wortlaut des § 15 KO zu weit greift.

        Jaeger/Henckel,
        KO 9. Aufl., § 15 Anm. 1.

Die Unanwendbarkeit des § 15 KO kann aber nicht schon
damit begründet werden, daß der Konkursverwalter veräußert.
Zwar findet § 15 KO keine Anwendung, wenn
jemand durch Verfügung des Konkursverwalters etwas
aus der Masse erlangt. Jedoch wird der Forderungserwerb
des Verkäufers beim verlängerten Eigentumsvorbehalt
nicht durch eine Verfügung des Konkursverwalters
bewirkt. Denn der Konkursverwalter, der die Vorbehaltssache
veräußert, verfügt über die Sache, nicht
aber über die Forderung. Mit Abschluß des Kaufvertrages
begründet er die Forderung gegen den Zweitkäufer
und schafft damit das letzte Tatbestandsstück, das
zum Übergang der Forderung auf den Vorbehaltsverkäufer
notwendig ist. Die Abtretung stellt sich hier als
ein gestreckter Tatbestand dar, dessen rechtsgeschäftliches
Element in dem Abtretungsvertrag des späteren
Gemeinschuldners mit dem Vorbehaltsverkäufer zu sehen
ist, während das Entstehen der abgetretenen Forderung
ein objektives Tatbestandsmerkmal darstellt. Die
Forderung geht deshalb auch dann über, wenn der Zedent,
hier der Konkursverwalter, keinen darauf gerichteten
Willen äußert. Deshalb läßt sich die Unanwendbarkeit
des § 15 KO nicht damit begründen, daß der Konkursverwalter
mit der Weiterveräußerung der Sache sein
Einverständnis mit der Vorausabtretung erkläre und
damit über die Forderung verfüge.

   So aber Serick, aaO.,
   Band V § 62 VIII 2 a S. 394 f.

Vielmehr muß zunächst begründet werden, warum § 15 KO
auf die Vorausabtretung bei verlängertem Eigentumsvorbehalt
nicht angewendet werden soll, obwohl diese

Vorschrift gerade auf gestreckte Tatbestände zugeschnitten ist, die sich ohne Zutun des Gemeinschuldners und ohne rechtsgeschäftliche Verfügung des Konkursverwalters nach Konkurseröffnung vollenden.

> So z.B. Jaeger/Henckel,
> KO 9. Aufl., § 15 Anm. 32,
> 33, 35, 44 ff.

So ist z.B. die Vorausabtretung einer Forderung im Rahmen einer Globalzession nach § 15 KO unwirksam, wenn die abgetretene Forderung erst nach Konkurseröffnung entsteht. Der Grund für diese Rechtsfolge muß zugleich Aufschluß geben, warum die Vorausabtretung beim verlängerten Eigentumsvorbehalt nicht an § 15 KO scheitert.

Die Globalzession einer Forderung, die durch die Veräußerung einer zur Konkursmasse gehörenden Sache entsteht, scheitert, wenn der Abtretungsvertrag vor Konkurseröffnung vom Gemeinschuldner geschlossen wurde, an § 15 KO, weil die veräußerte Sache zur Masse gehört und die Forderung als Verwertungssurrogat der Sache ebenfalls Massebestandteil ist.

> Jaeger/Henckel,
> KO 9. Aufl., § 6 Anm. 37,
> § 15 Anm. 45 f.

Was mit Mitteln der Masse im Wege der Verwaltungssurrogation zur Masse erworben ist, wird durch § 15 KO vor Rechtswirkungen geschützt, die durch Rechtshandlungen des Gemeinschuldners ausgelöst werden könnten, die dieser vor Konkurseröffnung vorgenommen hat.

Beim verlängerten Eigentumsvorbehalt gehört die veräußerte Sache nicht zur Masse. Deshalb erwirbt der Konkursverwalter die Forderung nicht als Surrogat der Sache für die Masse. Die Forderung aus der Weiterveräußerung entsteht zwar als Forderung der Masse, weil der Konkursverwalter sie durch seine Verwaltungshandlung begründet, aber sie gebührt nicht der Masse. Deshalb kann sie der Zessionar ersatzaussondern, wenn der Konkursverwalter ohne Berechtigung über die Sache verfügt (§ 46 KO). Ist aber schon die unberechtigte Verfügung des Verwalters nicht geeignet, die vorausabgetretene Forderung haftungsrechtlich der Masse zuzuweisen, so kann die berechtigte Verfügung nicht bewirken, daß die vorausabgetretene Forderung in der Masse bleibt. Deshalb steht § 15 KO dem Forderungsübergang auf den Verkäufer grundsätzlich nicht entgegen.

  So.Jaeger/Henckel,
  KO 9. Aufl., § 15 Anm. 47.

Zu beachten ist lediglich, daß die übergegangene Forderung dem Vorbehaltsverkäufer nur zur Deckung seiner Kaufpreisforderung dient. Ein Erlösüberschuß gebührt der Masse.

Weil § 46 KO ein Aussonderungsrecht begründet, hat diese Vorschrift jedenfalls haftungsrechtlich dingliche Wirkung. Das zeigt sich daran, daß der Ersatzaussonderungsberechtigte nicht - wie ein lediglich schuldrechtlicher Gläubiger, der etwas aus der Masse zu fordern hat (§ 57 KO) - den Rechtsfolgen des § 60 KO unterworfen ist. Haftungsrechtlich gehört die der Ersatzaussonderung unterliegende Forderung also

ebensowenig zur Masse wie die vorausabgetretene
Forderung. Daß der Ersatzaussonderungsberechtigte
nach § 46 KO nur Abtretung der Forderung verlangen
kann, während die vorausabgetretene Forderung beim
verlängerten Eigentumsvorbehalt dem Verkäufer unmittelbar zusteht, hat mit der haftungsrechtlichen Zuordnung nichts zu tun, beruht vielmehr nur darauf,
daß in den Ersatzaussonderungsfällen die Forderung
der Masse noch insoweit zugeordnet ist, als der Konkursverwalter darüber verfügen kann: Zieht der Konkursverwalter die Forderung ein, so handelt er als
Berechtigter.

Da es in unserem Zusammenhang nur darauf ankommt, ob
der Vorbehaltsverkäufer durch die Veräußerung der
unter verlängertem Eigentumsvorbehalt gelieferten
Sache seitens des Konkursverwalters Einbußen an seiner
Sicherheit erleidet, ist in erster Linie auf die haftungsrechtliche Zuordnung abzuheben. Da die Forderung
bei berechtigter wie bei unberechtigter Veräußerung
der Ware durch den Konkursverwalter haftungsrechtlich
dem Vorbehaltsverkäufer gehört, könnte dahingestellt
bleiben, ob die Veräußerung durch den Konkursverwalter
sich im Rahmen der Ermächtigung des Vorbehaltsverkäufers hält oder nicht.

Ein Unterschied in den Rechtsfolgen besteht allerdings
insoweit, als der Vorbehaltsverkäufer bei unberechtigter Veräußerung auf Abtretung klagen muß, um dem
Konkursverwalter auch die Verfügungsbefugnis über die
Forderung zu entziehen, während er bei berechtigter
Veräußerung unmittelbar vom Drittschuldner Zahlung

verlangen kann. Der Vorbehaltsverkäufer steht in dieser Hinsicht also sogar besser, wenn die Ermächtigung fortbesteht und der Konkursverwalter deshalb die Sache als Berechtigter veräußert. Die Forderung gegen den Zweitkäufer ist dann sogleich bei ihrer Begründung durch den Konkursverwalter auf den Vorbehaltsverkäufer übergegangen.

Deshalb besteht kein Grund zu der Annahme, daß die Veräußerungsermächtigung, die der Vorbehaltsverkäufer dem Gemeinschuldner vor Konkurseröffnung erteilt hat, eine Veräußerung der unter verlängertem Eigentumsvorbehalt gelieferten Sache durch den Konkursverwalter nicht decken sollte.

Fraglich ist nur, ob die Veräußerungsermächtigung auch dann fortbesteht, wenn der Konkursverwalter die Erfüllung des Vertrages mit dem Vorbehaltsverkäufer ablehnt. Diese Problematik würde zwar entfallen, wenn man annehmen könnte, daß der Konkursverwalter, der die Sache weiterveräußert, damit stets die Erfüllung des Kaufvertrages wählte.

   So Serick, aaO.,
   Band V § 62 VIII 2 a S. 396,
   § 62 IX 19 a S. 4o6.

Das kann jedoch, wie oben (s. 1.5.2.1) ausgeführt wurde, nicht angenommen werden.

Die Erfüllungsablehnung des Konkursverwalters hat auf die Sicherheit des Vorbehaltsverkäufers keinen Einfluß. Ob der Konkursverwalter jetzt als Berechtigter oder als Nichtberechtigter verfügt, ändert an der haftungsrechtlichen Zuordnung der Forderung zum Vermögen des Vorbehaltsverkäufers nichts. Die Erfüllungsablehnung hat lediglich zur Folge, daß der Vorbehaltsverkäufer nicht den vereinbarten Kaufpreis bekommt, wenn die Forderung aus dem Zweitverkauf, die dem Vorbehaltsverkäufer haftungsrechtlich zugeordnet ist, niedriger ist als die ihm noch zustehende Kaufpreisforderung. Insoweit hat der Vorbehaltsverkäufer aber auch dann keine dingliche Sicherheit, wenn der Konkursverwalter die Erfüllung wählt. Stellt man also für die Frage, ob der Konkursverwalter im Rahmen ordnungsmäßigen Geschäftsganges veräußert, allein darauf ab, ob die Sicherheit des Vorbehaltsverkäufers beeinträchtigt wird, so kann ein ordnungsmäßiger Geschäftsgang nicht deshalb verneint werden, weil der Konkursverwalter die Erfüllung abgelehnt hat.

Es bleibt aber dennoch ein Einwand gegen die Annahme, daß die Veräußerungsermächtigung auch die Verfügung des Konkursverwalters deckt, der die Erfüllung des Kaufvertrages mit dem Vorbehaltsverkäufer ablehnt: Die Ablehnung der Erfüllung löst den Sicherungsfall aus. Der Vorbehaltsverkäufer kann jetzt aussondern. Würde man die Ermächtigung jetzt noch fortbestehen lassen, liefe das darauf hinaus, daß der Konkursverwalter rechtmäßig handelte, wenn er im Sicherungsfall Vorbehaltsgut verwertet. Eine solche Verwertungsbefugnis steht ihm aber nach geltendem Recht nicht zu. Die Veräußerungsermächtigung, die dem Gemeinschuldner vor Konkurseröffnung erteilt worden ist, kann nicht dahin gedeutet werden, daß der Konkursverwalter ein Recht zur Verwertung einer Sicherheit bekommt.

Eine andere Frage ist aber, ob damit auch der Forderungsübergang ausgeschlossen ist.

Dies scheint

Serick, aaO.,
Band V § 65 I 1 c S. 47o

annehmen zu wollen, wenn er schreibt:

"Keineswegs erwirbt der Vorauszessionar allein deswegen, weil der Konkursverwalter das Sicherungsgut veräußert, die ihm abgetretene Forderung."

Ich möchte das verneinen. Die Vorausabtretung ist nicht davon abhängig, daß der Vorbehaltskäufer im Rahmen der Ermächtigung veräußert. Der Vorbehaltsverkäufer will sich mit der Vorausabtretung auch für den Fall sichern, daß der Verkäufer unberechtigt veräußert. Folglich muß die Vorausabtretung ihre Wirkung auch dann entfalten, wenn der Konkursverwalter das Vorbehaltsgut verkauft, ohne sich dabei auf eine Ermächtigung stützen zu können, die ihm die Veräußerung gestattet. Deshalb geht die Forderung auch dann über, wenn der Konkursverwalter die Vorbehaltsware weiterveräußert, nachdem er die Erfüllung des Kaufvertrages mit dem Vorbehaltsverkäufer abgelehnt hat. Daß er hier unberechtigt veräußert, ist für die Abtretungswirkung belanglos und lediglich von Bedeutung für Schadensersatzansprüche des Vorbehaltsverkäufers: Der Konkursverwalter verletzt das Aussonderungsrecht des Verkäufers und haftet diesem nach § 82 KO, wenn er die Sache unter ihrem Wert verkauft.

Geht die Forderung auf den Vorbehaltsverkäufer über, so ist zu beachten, daß sie ihm nur zur Sicherung übertragen ist. Der Vorbehaltsverkäufer kann also aus ihr nur insoweit Befriedigung verlangen, als dies zur Deckung seiner Kaufpreisforderung nötig ist. Erzielt der Konkursverwalter einen höheren Preis als die Restkaufpreisschuld, gebührt der Überschuß der Masse.

>   Serick, aaO.,
>   Band V § 62 VIII 2 a S. 396.

Abschließend bleibt noch zu klären, ob die Veräußerungsermächtigung, die im Zusammenhang mit einem verlängerten Eigentumsvorbehalt erteilt ist, auch Bar-Zweitgeschäfte des Konkursverwalters deckt. Serick,

>   aaO.,
>   Band V § 62 VIII 2 a S. 396

verneint das mit der Begründung, daß der Vorbehaltsverkäufer in diesem Fall keine Ersatzsicherheit in Gestalt der übergegangenen Forderung erlangt. Dem möchte ich entgegenhalten, daß der ordnungsgemäße Geschäftsgang danach zu beurteilen ist, ob der Vorbehaltsverkäufer durch die Veräußerung Sicherheiten verliert, die er bei einem Verkauf durch den solventen Unternehmer im werbenden Unternehmen nicht verloren hätte. Ermächtigt der Vorbehaltsverkäufer den Käufer auch zu Bar-Zweitgeschäften, so nimmt er in Kauf, daß die Vorausabtretung leer läuft. Er vertraut nur auf die Solvenz des Vorbehaltskäufers. Dieses Vertrauen wird durch die Konkurseröffnung nicht beeinträchtigt, wenn der Konkursverwalter die Erfüllung wählt. Denn der Vorbehaltsverkäufer erwirbt dann einen Masseschuldanspruch nach §§ 17, 59 I Nr. 2 KO mit dem besten Rang des § 6o KO. Der Vorbehaltsverkäufer steht also nicht schlechter als ohne den Konkurs, wenn der Konkursverwalter die Masseschulden dieses Ranges erfüllen kann. Die Veräußerung des Konkursverwalters ist deshalb erst dann nicht mehr durch die Ermächtigung gedeckt, wenn er Bar-Zweitgeschäfte abschließt und den Kaufpreisanspruch wegen der Rechtsfolgen des § 60 KO nicht erfüllen kann. Sein rechtswidriges Verhalten begründet dann seine Ersatzpflicht nach § 82 KO.

Lehnt dagegen der Verwalter die Erfüllung des mit dem Vorbehaltsverkäufer abgeschlossenen Vertrages ab, so veräußert er immer rechtswidrig.

1.5.3 Verarbeitung

1.5.3.1 Konkurs

Der Eigentumserwerb des Vorbehaltsverkäufers, der mit dem Gemeinschuldner eine Verarbeitungsklausel vereinbart, vollzieht sich auch nach Konkurseröffnung, wenn der Konkursverwalter mit fortdauernder oder neu erteilter Erlaubnis des Lieferanten verarbeitet. § 15 KO steht grundsätzlich nicht entgegen, weil das Verarbeitungsprodukt nicht Surrogat von Massebestandteilen ist, wenn es nur aus Vorbehaltsware hergestellt wurde.

>Serick, aaO.,
>Band V § 63 III 5 S. 438;
>s. hierzu und zum folgenden auch
>Serick, ZIP 1982, 5o7 ff.

Zu beachten ist aber, daß die Sicherungsfunktion der neuen Sache doppelt begrenzt ist: Der Verwertungserlös gebührt dem Vorbehaltsverkäufer höchstens zu dem Betrag seiner noch ausstehenden Forderung. Zum anderen gebührt dem Vorbehaltsverkäufer von dem Erlös nicht mehr als der objektive Wert der Sache vor der Verarbeitung, wenn diese erst während des Konkursverfahrens begonnen worden ist.

> Serick, aaO,
> Band V § 63 II 3 S. 422;
> was dort für die Anfechtung ausgeführt ist, muß auch nach Konkurseröffnung gelten.

Diese zweite Begrenzung ist deshalb geboten, weil dem Vorbehaltsverkäufer der mit Mitteln der Masse geschaffene Wert der Verarbeitung nicht zugute kommen darf und dieser Wert der Gesamtheit der Gläubiger erhalten bleiben muß. Das ergibt sich aus dem Sinn des § 15 KO.

Ist mit der Verarbeitung vom Gemeinschuldner bereits vor der Konkurseröffnung begonnen worden, so wird die zweite Begrenzung nicht etwa nach dem Wert des angearbeiteten Materials im Zeitpunkt der Konkurseröffnung berechnet, der oft nur der Schrottwert ist. Auszugehen ist bei der Berechnung vielmehr von dem Wert des während des Konkursverfahrens fertiggestellten Produkts. Davon ist abzuziehen der Gesamtaufwand, der für die Herstellung von der Masse aufgebracht worden ist, soweit er zur Werterhöhung des Produkts beigetragen hat.

Die Begrenzung bedeutet also, daß dem Vorbehaltsverkäufer - vorbehaltlich der Anfechtung - der Erlös insoweit zusteht, wie er dem Materialwert und dem Anteil der durch die Verarbeitung entstandenen Wertsteigerung entspricht, die durch die Verarbeitung vor der Konkurseröffnung geschaffen worden ist.

>Serick, aaO,
>Band V § 63 II 4 S. 424.

Ob der Konkursverwalter Vorbehaltsware verarbeiten darf, die der Verkäufer dem Gemeinschuldner vor Konkurseröffnung mit einer Verarbeitungsklausel geliefert hat, ist bisher höchstrichterlich nicht entschieden. In der Literatur wird die Ansicht vertreten, daß die mit der Verarbeitungsklausel dem Gemeinschuldner erteilte Erlaubnis, die Sache zu verarbeiten, mit der Konkurseröffnung ohne weiteres erlösche, mag es sich um Rohstoffe oder um schon bearbeitete und unfertig gebliebene Sachen handeln, und zwar auch dann, wenn der Konkursverwalter die Erfüllung des Vertrages mit dem Vorbehaltsverkäufer wählt.

>Serick, aaO,
>Band V § 63 III S. 429 ff,
>§ 63 IV 13 S. 447.

Zur Begründung wird angeführt, daß der Verarbeitungsprozeß mit konkursbedingten Unsicherheitsfaktoren belastet sei. Er kann unvollendet bleiben, wenn er nicht mehr finanziert werden kann, wenn die geeigneten Arbeitskräfte abwandern oder die Maschinen aus- oder abgesondert werden.

Diese Begründung hebt wiederum darauf ab, ob die
Sicherheit oder wenigstens ihr Wert durch die Handlung des Konkursverwalters beeinträchtigt wird. Sie
berücksichtigt nicht, daß der Vorbehaltsverkäufer an
der Sicherheit nur interessiert ist, wenn der Sicherungsfall eintritt. Das ist zunächst der Fall, wenn
der Konkursverwalter die Erfüllung des Vertrages mit
dem Vorbehaltsverkäufer ablehnt. Denn dann ist dieser auf die Sicherheit angewiesen, weil seine Kaufpreisforderung einfache Konkursforderung ist. Er
braucht die geschilderten Risiken, die mit der Verarbeitung im konkursbefangenen Unternehmen verbunden
sind, nicht hinzunehmen. Die Verarbeitungsermächtigung
deckt in diesem Fall nicht die Verarbeitung durch den
Konkursverwalter. Dieser haftet nach § 82 KO, wenn er
durch die Verarbeitung das Sicherungsgut entwertet.
Serick (aaO) behandelt freilich den Fall der Erfüllungsablehnung nicht, weil er annimmt, der Konkursverwalter,
der verarbeitet, wähle damit stets die Erfüllung. Dem
kann aus den oben (S.38f.) genannten Gründen nicht gefolgt werden.

Der Sicherungsfall tritt dagegen nicht ein, wenn der
Konkursverwalter die Erfüllung wählt und den Kaufpreis als Masseschuld bezahlen kann (§§ 17, 59 I
Nr. 2 KO). Ob die Verarbeitung in diesem Fall gelingt,
ist allein das Risiko des Konkursverwalters. Der Vorbehaltsverkäufer ist auf die Erhaltung des Wertes
des Sicherungsgutes nicht angewiesen, wenn er seinen
Kaufpreis vom Konkursverwalter bekommt. Deshalb überdauert die Verarbeitungserlaubnis den Konkurs, wenn
der Konkursverwalter die Erfüllung wählt und den Kaufpreis zahlen kann.

Dagegen tritt der Sicherungsfall ein, wenn der Konkursverwalter im Fall des § 6o KO den Kaufpreis nicht oder nicht voll bezahlen kann. Hier besteht nun ein gewichtiger Unterschied zum Fall der Vorausabtretung. Bei dieser ist der Vorbehaltsverkäufer auch gesichert, wenn der Konkursverwalter den Kaufpreis nicht bezahlen kann; denn die vorausabgetretene Forderung geht auf den Vorbehaltsverkäufer auch dann über, wenn der Konkursverwalter unberechtigt veräußert. Beim Verarbeitungsvorbehalt dagegen verliert der Vorbehaltsverkäufer seine Sicherheit oder einen Teil ihres Wertes, wenn der Konkursverwalter die Verarbeitung nicht zu Ende führen kann, was gerade dann der Fall sein wird, wenn die Situation des § 6o KO eintritt. Die Frage, ob man deshalb die Verarbeitungserlaubnis stets erlöschen lassen soll, ist nur aufgrund einer schwierigen Interessenabwägung zu entscheiden.

Die Gefahren, die dem Sicherungsnehmer drohen, wenn die Verarbeitung mißlingt oder unvollendet bleibt, hat Serick (aaO) zutreffend beschrieben. Das Interesse des Sicherungsnehmers geht dahin, diese Gefahren so gering wie möglich zu halten. Ihm wäre am besten damit gedient, daß man die Verarbeitungserlaubnis spätestens mit der Konkurseröffnung erlöschen läßt mit der Folge, daß der Konkursverwalter nur verarbeiten kann, wenn der Vorbehaltsverkäufer ihm eine neue Verarbeitungserlaubnis erteilt oder wenn er den Kaufpreis voll bezahlt hat.

Den Interessen des Vorbehaltsverkäufers stehen aber andere gewichtige Interessen gegenüber. Nimmt man nämlich an, daß die Verarbeitungserlaubnis erlischt, so

führt dies zwangsläufig zur Stillegung des Betriebes,
wenn der Vorbehaltsverkäufer dem Konkursverwalter
keine neue Verarbeitungserlaubnis erteilt. Denn der
Konkursverwalter, der mit seinem Amtsantritt ein
illiquides Unternehmen übernimmt, kann das für die Verarbeitung notwendige Material nicht sogleich bezahlen.
Er muß die Produktion einstellen und kann nicht durch
Fortführung des Betriebes die Liquidität schaffen, die
er zur Bezahlung des Materials braucht. Die Fortführung des Betriebes aber kann dem Interesse anderer
gesicherter Gläubiger dienen, die mit der Verarbeitung
einverstanden sind. Ein einzelner Vorlieferant, der
ein für die Fortführung der Produktion unverzichtbares
Material geliefert hat, könnte also gegen den Willen
aller anderen Lieferanten die Betriebsstillegung erzwingen. Die auf den ersten Blick naheliegende Lösung,
daß die an der Fortsetzung der Produktion interessierten Lieferanten dem Konkursverwalter die Mittel zur
Verfügung stellen, mit denen er das von dem Widerstrebenden gelieferte Material bezahlt oder dem Widerstrebenden aus ihrem eigenen Vermögen Ersatzsicherheiten bieten, wird nicht immer zu realisieren sein. Jedenfalls fordert sie oft langwierige Verhandlungen mit
den Beteiligten, vor deren Abschluß der Konkursverwalter nicht weiter produzieren dürfte. Steht aber der
Betrieb erst einmal still, so wird es nur selten gelingen, ihn in einem Konkursverfahren wieder in Gang
zu bringen.

Die von dem Vorbehaltslieferanten erzwungene Betriebsstillegung berührt aber auch die Interessen der Arbeitnehmer, denen an der Erhaltung ihrer Arbeitsplätze
gelegen ist, und die Interessen aller Konkursgläubiger,

die keine dinglichen Sicherheiten haben, sofern durch
die Fortführung der Produktion die Teilungsmasse vergrößert werden könnte. Da die Masse regelmäßig am
günstigsten liquidiert werden kann, wenn es dem Verwalter gelingt, das Unternehmen im ganzen zu veräußern,
ein stillgelegter Betrieb aber oft schwerer zu veräußern ist als ein fortgeführter, sind alle an einer
günstigen Masseverwertung Interessierten durch die
Einstellung der Produktion gefährdet.

Ihren Interessen könnte Rechnung getragen werden, wenn
man dem Vorbehaltslieferanten zumuten würde, seine
Interessen zurückzustellen, und ihm deshalb das Recht
abspräche, die Verarbeitung oder Weiterverarbeitung
zu verhindern. Ehe die Frage beantwortet wird, ob
man soweit gehen soll, ist jedoch zu prüfen, ob es
nicht andere Konfliktlösungen gibt. Geht man mit
Serick (aaO) davon aus, daß die Verarbeitungserlaubnis
erlischt, so wäre der Konkursverwalter zwar rechtlich,
aber noch nicht tatsächlich gehindert, das vom Gemeinschuldner unter Eigentumsvorbehalt erworbene Material
zu verarbeiten. Er könnte dann die Produktion auf
eigenes Risiko fortsetzen. Gelingt es ihm, aus dem
fortgeführten Unternehmen den Kaufpreis für die Vorbehaltsware zu erwirtschaften und zahlt er den Kaufpreis, so ist der Mangel der Verarbeitungserlaubnis
geheilt. Mißlingt aber die Verarbeitung oder bleibt
sie unvollendet und sind die Halbfertigprodukte wertlos,
so haftet der Konkursverwalter persönlich, da er fremdes Gut ohne Erlaubnis verarbeitet hat. Man könnte
zwar Argumente dafür anführen, daß es angemessen sei,
dem Konkursverwalter dieses Risiko aufzuerlegen, weil
er die Verantwortung für die richtige Wahl seiner

Verwaltungsmaßnahmen trägt. Jedoch wirkt es anstößig, daß der Konkursverwalter schutzwürdige Interessen anderer Sicherungsnehmer, der ungesicherten Konkursgläubiger und der Arbeitnehmer nur dadurch sollte wahren können, daß er rechtswidrig in die Rechtsposition eines Vorbehaltsverkäufers eingreift. Außerdem ließe sich der Konflikt auch gar nicht einwandfrei lösen, wenn man dem Konkursverwalter rät, gegen den Willen eines Vorbehaltslieferanten weiter zu produzieren, wenn er überzeugt ist, aus dem Produktionserlös die Vorbehaltsware bezahlen zu können. Denn wenn auch der Verwalter das Risiko gering einschätzen mag und deshalb die Produktion fortführt, so würde er sich doch immerhin rechtswidrig verhalten, wenn man davon ausgeht, daß die Verarbeitungserlaubnis spätestens mit der Konkurseröffnung erlischt. Deshalb muß der Konkursverwalter damit rechnen, daß der Vorbehaltsverkäufer, der mit der Fortführung der Produktion nicht einverstanden ist, die Verarbeitung der von ihm gelieferten Ware durch eine einstweilige Verfügung verbieten läßt, damit den Betrieb stillegt und möglicherweise alle anderen Vorbehaltslieferanten schädigt, die mit der Verarbeitung ihrer Ware einverstanden waren, etwa weil diese anderweitig nicht absetzbar ist oder nur nach Verarbeitung ihre Kaufpreisforderungen deckt, weil sie in angearbeitetem Zustand nur Schrottwert hatte (s.o. 1.5.3.1 am Anfang).

Der konkursbedingte spezifische Interessenkonflikt läßt sich also nicht in der Weise lösen, daß man einem einzelnen Vorbehaltslieferanten gestattet, sein Interesse auf Kosten anderer Sicherungsnehmer durchzusetzen. Deshalb meine ich, daß der Konkursverwalter aufgrund der vor Konkurseröffnung dem noch solventen Gemeinschuldner erteilten Verarbeitungserlaubnis verarbeiten darf, d.h. rechtmäßig verarbeitet, wenn er nach einer mit der gebotenen Sorgfalt angestellten Prüfung zu der Annahme kommen konnte, daß er aus der Masse den Kaufpreis für die Vorbehaltsware als Masseschuld bezahlen kann, und die Erfüllung des Kaufvertrages mit dem Vorbehaltsverkäufer wählt.

1.5.3.2 Sequestration

Die Rechtslage wird freilich noch schwieriger, wenn der Konkurseröffnung eine Sequestration vorgeschaltet ist. Nach dem System der Konkursordnung sind alle schuldrechtlichen Ansprüche, die vor Konkurseröffnung entstanden sind, Konkursforderungen (§ 3 KO). Der Sequester hat kein Wahlrecht, ob er gegenseitige Verträge erfüllen will oder nicht. § 17 KO ist erst nach der Konkurseröffnung anwendbar. Folglich kann der Sequester keine Masseschulden nach § 59 I Nr. 2 KO begründen. Beginnt er mit der Verarbeitung nicht bezahlter Vorbehaltsware und endet die Sequestration mit der Ablehnung der Konkurseröffnung mangels kostendeckender Masse, so findet der Vorbehaltsverkäufer oft nur wertlose Halbfertigfabrikate vor. Seine Sicherheit bringt ihm deshalb nichts, und die Kaufpreisforderung ist gegen den Gemeinschuldner nicht durchsetzbar. Wird das Konkursverfahren eröffnet, aber die Produktion danach eingestellt, kann die Sicherheit in gleicher Weise wertlos geworden sein, wenn der Konkursverwalter sofort den Betrieb stillegt und das Produkt deshalb nicht fertig verarbeitet wird. Einen Masseschuldanspruch nach § 59 I Nr. 2 KO hat der Verkäufer nicht, wenn der Konkursverwalter die Erfüllung ablehnt.

Die Rechtslage würde sich auch dann noch wesentlich von der bei der Verarbeitung nach Konkurseröffnung unterscheiden, wenn die Verarbeitung durch den Sequester einen Masseschuldanspruch nach § 59 I Nr. 1 KO auslösen würde. Jedoch halte ich das nicht für vertretbar. § 59 I Nr. 1 KO ist auf Handlungen und Geschäfte des Sequesters nicht entsprechend anzuwenden. Eine solche Analogie würde bedeuten, daß die Wirkungen der Konkurseröffnung auf den Zeitpunkt der Sequestrationsanordnung vorverlegt würden. Das steht aber im Widerspruch zum Gesetz.

> OLG Düsseldorf
> ZIP 1984, 728 m.abl.Anm.
> von Eickmann;
> OLG Karlsruhe
> ZIP 1984, 990;
> s. auch BGHZ 86, 190, 195 f.

In der Literatur wird allerdings die Auffassung vertreten, daß § 224 I Nr. 5 KO analog anwendbar sei.

> Kilger in: Einhundert Jahre
> Konkursordnung, S. 211 f;
> Böhle-Stamschräder/Kilger
> KO 14. Aufl. § 106 Anm. 4;
> Eickmann, ZIP 1984, 729, 731;
> Gerhardt, ZIP 1982, 1, 8;
> Uhlenbruck, KTS 1982, 201, 209;
> a.A. Weber/Irschlinger/Wirth,
> KTS 1980, 92 ff.

Bedenken gegen eine solche Analogie brauchen hier nicht ausgeführt zu werden. Denn selbst wenn man diese für zulässig hält, könnte eine dem späteren Gemeinschuldner erteilte Erlaubnis die Verarbeitung während der Sequestration nicht decken. Kommt es nicht zur Konkurseröffnung, weil der Konkursantrag nach § 107 KO abgewiesen wird, ist der Masseschuldcharakter der Forderung nichts wert. Da zur Zeit mehr als 70 % der Konkursanträge mangels kostendeckender Masse abgewiesen werden, trägt der Vorbehaltsverkäufer also ein erhebliches Risiko, das er mit der dem späteren Gemeinschuldner zuvor erteilten Verarbeitungserlaubnis nicht eingehen wollte. Den Sequester persönlich wird der Vorbehaltsverkäufer nur selten in Analogie zu § 82 KO in Anspruch nehmen können. Denn erst während der Sequestration soll dieser sich Klarheit verschaffen, ob kostendeckende Masse vorhanden ist. Ihm kann also kein Vorwurf gemacht werden, daß er dies vor Abschluß seiner Ermittlungen noch nicht weiß.

Eine andere Lösung kann auch nicht aus der Auffassung Sericks,

>aaO, Band V § 63 II 5,
>S. 425 ff,

abgeleitet werden, daß die Verarbeitungserlaubnis nicht schon mit dem Beginn der kritischen Phase des § 30 Nr. 1 Fall 2 KO erlischt, sondern vom Vorbehaltsverkäufer nur bei Gefahr des Verlustes oder der Entwertung seiner Sicherheit widerrufen werden kann. Diese Ansicht ist in sich schon nicht unproblematisch; denn das Risiko, die Sicherheit zu verlieren, ist bei einer Verarbeitung in der Zeit zwischen der Zahlungseinstellung oder dem Konkursantrag und der Konkurseröffnung gewiß nicht geringer als bei einer Verarbeitung durch den Konkursverwalter, die Serick durch die Verarbeitungsermächtigung als nicht gedeckt ansieht. Das Risiko, daß die Produktion alsbald eingestellt werden muß und das angearbeitete Material als wertloser Schrott liegen bleibt, ist, wenn der Konkursantrag zu einem allgemeinen Veräußerungsverbot führt (§ 106 KO) oder die Verfahrenseröffnung mangels kostendeckender Masse abgelehnt wird (§ 107 KO), größer, als wenn der Konkursverwalter sich nach Konkurseröffnung zur Fortführung der Produktion entschließt und zu diesem Zwecke die Erfüllung des Kaufvertrages wählt. Die gesicherte Kaufpreisforderung ist wertlos, wenn das Konkursverfahren eröffnet wird und der Konkursverwalter die Erfüllung des Vertrages ablehnt. Deshalb überzeugt es nicht, daß Serick für die kritische Zeit vor der Konkurseröffnung die Verarbeitungserlaubnis fortbestehen lassen will und lediglich dem Vorbehaltsverkäufer ein Widerrufsrecht gibt, das dieser nicht mißbräuchlich ausüben dürfe,

>Serick, aaO,
>Band V § 63 II 6 S. 427,

mit der Konkurseröffnung aber die Verarbeitungserlaubnis erlöschen läßt.

Dem Vorbehaltsverkäufer im Fall der Sequestration nur ein Widerrufsrecht zu gewähren, halte ich auch deshalb für problematisch, weil das Sicherungsgut oft schon durch eine begonnene Verarbeitung wertlos geworden sein kann, bis der Vorbehaltsverkäufer von der Sequestration erfährt und die gesetzlich nicht ausgeformten Regeln und die daraus resultierenden Gefahren der Sequestration durchschaut. Der Widerruf käme meist zu spät. Deshalb scheint mir nur das Ergebnis vertretbar, daß die Verarbeitungserlaubnis eine Verarbeitung durch den Sequester nicht deckt. Dem Sequester bleibt also nichts anderes übrig, als entweder das Vorbehaltsgut zu bezahlen oder sich eine neue Verarbeitungserlaubnis geben zu lassen, gegebenenfalls gegen eine Sicherstellung der Kaufpreisforderung. Daß damit die Unternehmensfortführung in der Sequestrationsphase erschwert wird, ist bedauerlich, aber nach geltendem Recht nicht zu vermeiden. Auch hier zeigt sich die dringende Reformbedürftigkeit unseres Insolvenzrechts.

1.5.4 Konkursbezogene Klauseln

Daß nach der hier vertretenen Auffassung Veräußerungs- und Verarbeitungsermächtigungen unter bestimmten Umständen die Konkurseröffnung überdauern, könnte praktisch ohne große Bedeutung bleiben, wenn die Vertragspraxis sich darauf einspielt, ausdrücklich das Erlöschen der Ermächtigungen bei Eröffnung des Konkurses oder schon zu einem früheren Zeitpunkt vorzusehen.

> Eine solche Klausel halten Lambsdorff/Hübner, Eigentumsvorbehalt und AGB-Gesetz, Rdn. 190, für zulässig.

Ob solche Klauseln den Sicherungsnehmer schützen können, hängt davon ab, ob sie unter konkursrechtlichen Gesichtspunkten wirksam sind. Sie laufen im Ergebnis darauf hinaus, daß dem Konkursverwalter das Wahlrecht des § 17 KO genommen oder erheblich eingeschränkt wird. Ein Konkursverwalter, der zur Weiterveräußerung oder Verarbeitung bestimmte Vorbehaltsware vorfindet, diese aber nicht weiterveräußern oder verarbeiten darf, wird die Erfüllung nur wählen können, wenn er sogleich liquide ist und den Kaufpreis voll bezahlen kann. Denn nur dann kann er die Ware sinnvoll für die Masse verwerten. Im Anfang des Konkursverfahrens fehlt aber regelmäßig die Liquidität. Deshalb liefe der Konkursverwalter bei der Erfüllungswahl nur Gefahr, daß der Verkäufer wegen des Masseschuldanspruches in die Masse vollstreckt, während er mit der Ware nichts anfangen kann. Der Verwalter steht also unter dem Zwang, die Erfüllung ablehnen zu müssen, obwohl er durch Verarbeitung oder Weiterveräußerung der Ware die Masse vergrößern könnte. Deshalb stellt sich die Frage, ob § 17 KO einer Vereinbarung entgegensteht, mit der ein Vertragspartner sich für den Fall des Konkurses Rechte vorbehält, die das Wahlrecht des Konkursverwalters beschränken. Für den vergleichbaren Fall eines vertraglich vorbehaltenen Kündigungsrechtes, das mit Konkurseröffnung entstehen soll, habe ich diese Frage grundsätzlich bejaht.

     Jaeger/Henckel,
     KO 9. Aufl., § 17 Anm. 214,
     dort auch Nachweise zur
     abweichenden Meinung.

1.6 Kollisionen von Sicherungsrechten

Es können hier nicht alle denkbaren Kollisionen behandelt werden. Deshalb sollen nur einige charakteristische Typen als Beispiel dienen:

1.6.1 Kollision von einfachem Eigentumsvorbehalt und Sicherungsübereignung

Beispiel:

Der Geldkreditgeber (G), dem die Ware, die der Gemeinschuldner vom Verkäufer (V) unter Eigentumsvorbehalt erworben hatte, sicherungsübereignet worden ist, behauptet, der Gemeinschuldner habe die Ware vor Konkurseröffnung dem V (anfechtungsfrei) bezahlt.

Gibt der Konkursverwalter die Ware an den Falschen heraus, so läuft er Gefahr, die Masse zu belasten und sich persönlicher Haftung (§ 82 KO) auszusetzen.

Gibt er die Ware dem G, obwohl sie dem V gebührt, so kann G nach § 933 BGB gutgläubig Eigentum erwerben. V hat dann einen Massebereicherungsanspruch nach § 816 I BGB, § 59 I Nr. 4 KO und bei Verschulden des Konkursverwalters einen Schadensersatzanspruch wegen Verletzung seines Eigentums, der nach § 59 I Nr. 1 KO eine Masseschuld begründet. Der Konkursverwalter haftet außerdem persönlich nach § 82 KO. Ist der Sicherungseigentümer (G) bösgläubig, läuft der Konkursverwalter jedenfalls dann Gefahr, daß die Masse auf Schadensersatz in Anspruch genommen wird und er selbst nach § 82 KO einstehen muß, wenn die Ware beim Sicherungseigentümer nicht mehr vorhanden und dieser insolvent ist.

Ist die Ware nicht mehr wert als die Restkaufpreisforderung des V und nicht mehr wert als die Forderung des G,

    Beispiel:

    Forderung V: DM 2.000,--
    Forderung G: DM 3.000,--
    Warenwert :   DM 1.5oo,--

so kann der Konkursverwalter, wenn er von einem der beiden verklagt wird, nach § 76 ZPO verfahren und die Sache dem Kläger unter den Voraussetzungen des § 76 II ZPO herausgeben oder sich nach Übernahme des Prozesses durch den anderen aus dem Prozeß zurückziehen (§ 76 III ZPO). Er kann ferner die Sache an denjenigen herausgeben, auf den sich die Prätendenten als Empfangsberechtigten geeinigt haben.

Ist die Ware mehr wert als der Restkaufpreis,

    Beispiel:

    Forderung V: DM 2.000,--
    Forderung G: DM 3.000,--
    Warenwert :   DM 3.000,--

muß der Konkursverwalter dafür sorgen, daß der wirklich Berechtigte die Ware bekommt. Er kann in diesem Fall nicht allein den beiden Prätendenten den Streit um ihre

Rechte überlassen. Denn wenn die Forderung des G höher ist als die Restkaufpreisforderung des V, verliert die Masse den Wert der Ware in höherem Umfang, wenn G im Streit mit V obsiegt. Gelingt es dagegen dem Konkursverwalter nachzuweisen, daß V Eigentümer ist, behält er den Mehrwert, den die Ware gegenüber dem Restkaufpreis hat, für die Masse. Daran ändert sich auch dann nichts, wenn G ein Anwartschaftsrecht des Gemeinschuldners als Sicherheit erworben hatte. Denn das Anwartschaftsrecht erlischt mit dem Rücktritt des V, wenn G nicht vorher im Wege der Ablösung (§ 268 BGB) den Restkaufpreis an V zahlt. Löst aber G ab, so verwandelt sich sein Anwartschaftsrecht in volles Sicherungseigentum, und der Verwalter muß die Ware dem G zur abgesonderten Befriedigung herausgeben.

>Jaeger/Henckel,
>KO 9. Aufl. § 15
>Anm. 62 - 64,
>§ 17 Anm. 58.

Auf jeden Fall wird der Konkursverwalter davon absehen, in den Kaufvertrag mit V nach § 17 KO einzutreten. Denn dann müßte er den Restkaufpreis aus der Masse zahlen (§ 59 I Nr. 2 KO), würde aber für die Masse nichts bewirken, sondern zu Lasten der Masse das Anwartschaftsrecht des G zum Vollrecht erstarken lassen.

Ist die Ware mehr wert als die Forderung des G,

>**Beispiel:**
>
>Forderung G : DM 2.000,--
>Forderung V : DM 3.000,--
>Warenwert   : DM 3.000,--

und überläßt der Konkursverwalter den Streit um das Eigentum allein den Prätendenten, so benachteiligt er die Masse, wenn das Eigentum zu Unrecht dem V zugesprochen wird und dessen Restkaufpreisforderung höher ist als die gesicherte Forderung des G. Auch in diesem Fall also wird der Konkursverwalter selbst mit beiden Prätendenten den Streit darum austragen, wer von ihnen der Berechtigte ist.

1.6.2 Kollision von Forderungsabtretungen

Beispiel:

Die Forderung aus dem Verkauf eines vom Gemeinschuldner hergestellten Produkts ist an mehrere Lieferanten von Rohstoffen abgetreten worden, die darum streiten, ob die Forderung ihnen gemeinschaftlich zusteht oder ob das Prioritätsprinzip gilt und welcher von ihnen die Priorität für sich in Anspruch nehmen kann.

Der Konkursverwalter wird in den Streit der Forderungsprätendenten nicht eingreifen, wenn der Wert der abgetretenen Forderung niedriger ist als der Wert der Forderung, die bei jedem einzelnen Zessionar durch die Abtretung gesichert werden sollte. Denn dann ist der Wert der abgetretenen Forderung für die Masse ohnehin verloren. Der Konkursverwalter braucht also nur zu prüfen, ob etwa alle Abtretungen unwirksam sind oder ob einer der streitenden Prätendenten durch die Einziehung der abgetretenen Forderung mehr erhalten würde, als zu seiner Sicherung notwendig ist. Im übrigen muß er darauf achten, daß nicht die Forderungen aller Prätendenten uneingeschränkt zur Tabelle angemeldet werden (§ 64 KO).

Würde auch nur einer der Prätendenten durch Einziehung der zur Sicherheit abgetretenen Forderung mehr erhalten, als zur Deckung seiner gesicherten Forderung notwendig ist, muß der Konkursverwalter prüfen, ob die Forderung diesem Prätendenten zusteht. Da er den Mehrbetrag zur Masse einfordern kann, wenn dieser Prätendent vom Drittschuldner Zahlung erhält, sollte er - wenn er eine Erfolgsaussicht sieht - diesem Prätendenten im Streit mit dem Drittschuldner oder mit den anderen Prätendenten als Nebenintervenient beitreten oder mit dem Prätendenten eine Vereinbarung anstreben, mit der dieser den Mehrbetrag der abgetretenen Forderung zurückzediert. Zieht ein Prätendent die Forderung ein, dem sie nach Ansicht des Konkursverwalters nicht zusteht, so soll der Verwalter sich von demjenigen Prätendenten, den er für den Berechtigten hält, die Forderung gegen den Drittschuldner insoweit abtreten lassen, als der berechtigte Gläubiger durch die abgetretene Forderung übersichert ist bzw. diesem Gläubiger im Streit mit dem Drittschuldner als Nebenintervenient beitreten.

1.6.3 Kollisionen bei Verarbeitungsvorbehalt

Beispiel:

Der Gemeinschuldner hat vor Konkurseröffnung Rohstoffe mehrerer Lieferanten zu einer neuen Sache verarbeitet. Die Lieferanten haben mit dem Gemeinschuldner Verarbeitungsvorbehalte vereinbart.

Der Konkursverwalter muß prüfen, ob der Gemeinschuldner Miteigentümer des von ihm hergestellten Produkts geworden ist. Das trifft zu, wenn eigenes Material des Gemeinschuldners mitverarbeitet worden ist. Dann braucht der Konkursverwalter das Produkt nicht herauszugeben, sondern allenfalls den anderen Miteigentümern Mitbesitz einzuräumen. Die Teilung des Miteigentums erfolgt nach § 16 KO außerhalb des Konkursverfahrens.

Ist der Gemeinschuldner nicht Miteigentümer geworden, so muß der Konkursverwalter das durch die Verarbeitung entstandene Produkt an die Miteigentumsprätendenten gemeinsam oder an einen von ihnen genannten Empfangsberechtigten herausgeben, wenn feststeht, daß alle Lieferanten, an die oder für die das Produkt herausgegeben werden soll, Miteigentümer sind. Hat aber der Konkursverwalter Zweifel, ob einer dieser Miteigentumsprätendenten wirklich Miteigentümer ist, so kann er die Herausgabe, wenn sie auch zugunsten dieses Prätendenten verlangt wird, verweigern, und er muß die Eigentumslage prüfen, wenn für die Masse ein Erlösüberschuß zu erwarten ist, der daraus resultiert, daß die Forderung des wirklich Berechtigten niedriger ist als der Wert des von ihm gelieferten Materials.

1.7 Warenkreditsicherheit und Grundstückszubehörhaftung

Zubehör des Grundstücks haftet nach § 1120 BGB für das Grundpfandrecht mit Ausnahme derjenigen Zubehörstücke, die nicht in das Eigentum des Grundstückseigentümers gelangt sind. Die Enthaftung erfolgt nach § 1121 BGB durch Veräußerung und Entfernung vor der Beschlagnahme und nach § 1122 II BGB, wenn die Zubehöreigenschaft innerhalb der Grenzen einer ordnungsmäßigen Wirtschaft vor der Beschlagnahme aufgehoben wird.

Ist dem Gemeinschuldner vor Konkurseröffnung eine Sache geliefert worden, die unter den Zubehörbegriff fällt, und hat sich der Verkäufer das Eigentum vorbehalten, so fällt nur das Anwartschaftsrecht des Käufers in den Haftungsverband des Grundpfandrechtes. Tritt der Sicherungsfall ein, etwa durch Rücktritt des Verkäufers (§ 455 BGB) oder durch Ablehnung der Vertragserfüllung seitens des Konkursverwalters (§ 17 KO), so erlischt das Anwartschaftsrecht, und dieses haftet dann auch nicht für das Grundpfandrecht. Der Grundpfandgläubiger kann diese Rechtsfolge nur dadurch abwenden, daß er analog § 268 BGB den Restkaufpreis bezahlt und damit dem Käufer das Eigentum verschafft, das nun für das Grundpfandrecht haftet.

1.8 Der Sicherungspool

Unter Pool-Verträgen werden hier Vereinbarungen von Sicherungsnehmern verstanden, mit denen diese ihre Sicherungsrechte in eine bürgerlich-rechtliche Gesellschaft (den "Pool") einbringen zum Zwecke gemeinsamer Geltendmachung. Nicht dagegen wird als "Pool" eine kraft Gesetzes eintretende Rechtsgemeinschaft mehrerer Sicherungsnehmer bezeichnet, die etwa durch Vermischung gleichartiger Waren beim Gemeinschuldner entstehen kann. Vereinbarungen zwischen den Teilhabern einer solchen Gemeinschaft sind keine Gesellschaftsverträge. Sie können Teilungsvereinbarungen sein. Für die Beurteilung des "Pools" sind solche gemeinschaftlichen Rechte aber von Interesse, wenn sie von den Mitberechtigten in eine mit anderen Sicherungsnehmern gegründete Poolgesellschaft eingebracht werden sollen.

Die Ausübung der Rechte des Pools liegt nach den gebräuchlichen Vertragsgestaltungen entweder in der Hand eines allein vertretungsberechtigten Gesellschafters der Poolgesellschaft oder eines Treuhänders, auf den die Gesellschaft ihre Rechte überträgt. Die Verteilung des Erlöses der realisierten Sicherheiten ist üblicherweise vertraglich festgelegt.

Zweck des Pools soll es sein, rechtliche und tatsächliche Schwierigkeiten auszuräumen, die bei der individuellen Ausübung der Sicherungsrechte auftreten können.

Vorteile kann der Pool bieten, wenn ein Konkursverfahren nicht lohnt und deshalb kein Konkursantrag gestellt oder die Eröffnung des Konkursverfahrens mangels kostendeckender Masse nach § 1o7 KO abgelehnt wird. Die Poolbildung vermeidet dann das Chaos, das entstehen könnte, wenn jeder Sicherungsnehmer sein (angebliches) Sicherungsgut ohne Rücksicht auf die anderen fortzuschaffen suchte.

Für die Konkursabwicklung bietet die Poolbildung insofern Vorteile, als der Konkursverwalter nur mit dem Poolführer zu verhandeln braucht und mit ihm die Sicherungsrechte und die regelmäßig an den Pool auch abgetretenen Forderungen aller Poolmitglieder abwickeln kann. Die Poolmitglieder sollten aber darauf achten, daß sie dem vertretungsberechtigten Gesellschafter der Poolgesellschaft oder dem Treuhänder nicht zu weitgehende Befugnisse einräumen, an deren Ausübung sie gebunden sind.
S. dazu LG Darmstadt
ZIP 1983, 98.

In allen Fällen wird ein Sicherungsnehmer, der einem Pool beitritt, darauf achten müssen, daß er bei der Verteilungsregelung nicht von anderen Poolgesellschaftern übervorteilt wird.

Die rechtliche Beurteilung der Poolverträge ist streitig.

Heilmann

> BB 1976, 987 ff

hält die Poolbildung ohne nähere Begründung für eine mißbräuchliche Ausnutzung der Vertragsfreiheit, der durch die Rechtsprechung entgegenzutreten sei. Kilger

> KTS 1975, 163

sah früher in diesen Verträgen einen Verstoß gegen den Normzweck des Konkurses, soweit die Rechte der Mitglieder erst durch die Poolbildung bestimmbar werden und damit deren Rechtsstellung verbessert wird. Später

> Böhle-Stamschräder/Kilger,
> KO 14. Aufl. § 43 Anm. 3 b, bb

hat er sich der hier vertretenen Ansicht angeschlossen, die im wesentlichen in der Kommentierung zu § 15 KO entwickelt wurde.

> Jaeger/Henckel,
> KO 9. Aufl. § 15 Anm. 72 ff.

Marx

> NJW 1978, 246 ff.

betrachtet die Poolverträge als sittenwidrig (§ 138 BGB), soweit sie eine materielle oder beweisrechtliche Verbesserung der Realisierung von Sicherungsrechten bezwecken und innerhalb der Anfechtungsfrist des § 3o Nr. 2 KO (1o Tage vor Zahlungseinstellung oder Konkursantrag) geschlossen wurden.

Das OLG Karlsruhe

DB 1978, 1636 f.

hält Poolvereinbarungen für unwirksam, wenn sie Sicherungsrechte betreffen, die individuell nicht durchsetzbar sind, weil es an den rechtlichen Voraussetzungen fehlt, unter denen sie als genügend bestimmbar angesehen werden können; dagegen seien sie wirksam, soweit sie nur der Ausräumung von Beweisschwierigkeiten dienen. Berges

BB 1976, 388

dagegen sieht in der Poolbildung keine materiellrechtlich erhebliche Veränderung der Haftungssituation und kommt deshalb zu dem Ergebnis, daß Poolverträge de lege lata nicht zu beanstanden seien.

> So auch Stürner,
> ZZP 94, 263, 274 ff.;
> ähnlich Reinicke/Tiedtke,
> WM 1979, 186 ff.;
> differenzierend
> Mentzel/Kuhn/Uhlenbruck,
> KO 9. Aufl. § 43 Anm. 44
> und Lambsdorff,
> Handbuch des Eigentumsvorbehalts 1974, Rz. 414,
> 422 - 424.

Dieser Meinungsstreit ist wohl darauf zurückzuführen, daß die materielle Haftungslage nicht hinreichend berücksichtigt wurde. Ausgangspunkt aller Überlegungen muß sein, daß der Pool nicht mehr Rechte haben kann, als seine Mitglieder in ihn eingebracht haben. Weder die materielle Rechtsstellung des Pools noch die Beweislastverteilung kann für die Mitglieder günstiger sein als vor der Einbringung der Rechte in den Pool. Dies soll anhand einiger typischer Situationen verdeutlicht werden.

1. Fallgruppe:

Dem Gemeinschuldner steht an dem in den Pool eingebrachten Gegenstand kein eigenes Recht zu. Das ist z.B. der Fall, wenn mehrere Poolbeteiligte gleichartige Sachen beim Gemeinschuldner eingelagert haben, die miteinander vermischt worden sind,

"Mühlenfall"
RGZ 112, 1o2 ff.,

oder wenn die von mehreren Lieferanten unter Eigentumsvorbehalt gelieferten Waren miteinander vermischt worden sind,

BGH WM 1958, 899
= NJW 1958, 1534
mit Anm. von Hoche
= JZ 1959, 24
mit Anm. von Leiss,

der Kaufpreis für sämtliche Lieferungen vom Gemeinschuldner nicht oder nicht voll bezahlt ist und die Vorbehaltslieferanten durch Rücktritt vom Kaufvertrag das Anwartschaftsrecht des Gemeinschuldners zum Erlöschen gebracht haben. In Fällen dieser Art steht fest, daß die vermischte Menge nicht zur Masse gehört. Damit sind die Voraussetzungen für eine Aussonderung gegeben. Ob die Anteile der Miteigentümer ihrem Umfang nach feststellbar sind, ist für die Aussonderung belanglos. Denn jedenfalls können die Miteigentümer die Herausgabe an alle Mitberechtigten verlangen (§§ 1o11, 432 BGB). Die Bestimmbarkeit des Anteils eines Miteigentümers wäre nur zu fordern, wenn er vom Konkursverwalter Schadensersatz verlangen würde, weil dieser durch Veräußerung der vermischten Menge sein Miteigentumsrecht verletzt habe.

      So im Fall
      BGH WM 1958, 899.

Verlangen dagegen die Miteigentümer gemeinsam Schadensersatz oder verlangt einer von ihnen, daß der Konkursverwalter an sie alle Ersatz leistet (§§ 1o11, 432 BGB), so kommt es wiederum auf die Bestimmbarkeit ihrer Anteile nicht an. Die Bestimmbarkeit der Anteile ist erst für die Auseinandersetzung der Miteigentümer untereinander von Bedeutung. Diese geht aber weder den Gemeinschuldner noch den Konkursverwalter etwas an, wenn zur Masse kein Anteilsrecht an der Gesamtmenge gehört. Die Auffassung des Reichsgerichts,

      RGZ 112, 1o2 ff.,

daß die vermischte Menge dem Besitzer gehöre, wenn die Miteigentumsquoten nicht festgestellt werden können, ist vom Bundesgerichtshof

      WM 1958, 899
      = NJW 1958, 1534;
      s. auch Reinicke/Tiedtke,
      WM 1979, 186 ff;
      Norbert Hilger, Miteigentum der Vorbehaltslieferanten
      gleichartiger Ware (1983), S. 8 ff

mit Recht zurückgewiesen worden.

An dem Ergebnis, daß die Miteigentümer gemeinsam aussondern können, ändert sich in solchen Fällen nichts, wenn sie ihr

Miteigentum in einen Pool, d.h. in eine bürgerlich-rechtliche Gesellschaft mit anderen Sicherungsnehmern, einbringen. Die Aussonderung erfolgt dann durch den Pool. Durch die Bildung des Pools wird also die Haftungslage für die Miteigentümer weder verbessert noch verschlechtert. Die Poolbildung ist deshalb unter konkursrechtlichen Gesichtspunkten nicht zu beanstanden.

Die Aussonderung durch die Miteigentümer oder durch einen von ihnen nach Maßgabe der §§ 1o11, 432 BGB kann aber scheitern, wenn nicht feststellbar ist, ob diejenigen, an welche die Herausgabe verlangt wird, die einzigen Miteigentümer sind oder ob noch andere Personen Anteile am Miteigentum haben. Denn der Herausgabeanspruch ist nur begründet, wenn auf Leistung an alle Miteigentümer geklagt wird.

> Stürner, aaO, S. 276,
> schlägt für diesen Fall
> eine Pflegerbestellung
> nach § 1913 BGB vor.
> Kritisch dazu Hilger,
> aaO, S. 20 Note 50.

Auch an diesem Ergebnis ändert sich aber nichts durch die Bildung des Pools. Bleibt ungeklärt, ob auch ein am Pool nicht Beteiligter Miteigentümer der vermischten Sachen ist, so kann der Pool nicht nachweisen, daß er das Eigentum erworben hat. Denn die Miteigentümer können über ihr Eigentum nur gemeinsam verfügen, und der Pool kann das Eigentum nur erwerben, wenn alle Miteigentümer bei der Übertragung mitgewirkt haben. Kann der Pool nicht nachweisen, daß sämtliche Miteigentümer die Übertragung vorgenommen haben, so verliert er den Aussonderungsprozeß.

Gehören zwar alle möglichen Miteigentümer dem Pool an, also z.B. alle Lieferanten der gleichartigen vermischten Waren, läßt sich aber nicht klären, ob die Lieferungen aller Verkäufer in die vermischte Menge eingegangen sind, so scheint der Pool auf den ersten Blick mehr Rechte zu haben, als ohne den Pool bestehen oder beweisbar sind. Denn diejenigen Poolmitglieder, deren Beteiligung an dem Miteigentum feststeht, könnten ohne den Pool nicht Herausgabe an sich verlangen, wenn nicht feststeht, daß außer ihnen kein anderer einen Miteigentumsanteil hat. Doch der Schein trügt. Die Klage der Miteigentümer gegen den Konkursverwalter ist nämlich schon dann begründet, wenn auf Herausgabe an alle geklagt wird, die überhaupt Miteigentümer sein könnten. Denn jedenfalls gehört die vermischte Menge nicht zur Masse. Die Frage, wer von denjenigen, an die gemeinsam der Konkursverwalter die Sache herauszugeben hat, nun wirklich Miteigentümer ist, braucht erst im Auseinandersetzungsverfahren der Miteigentümer geklärt zu werden. Deshalb wird die Rechtsstellung der Mitberechtigten auch in diesem Fall durch die Bildung des Pools nicht verbessert. Der Pool kann die Herausgabe der vermischten Menge vom Konkursverwalter nur verlangen, wenn alle, die überhaupt Miteigentümer sein könnten, bei der Übertragung des Eigentums an den Pool mitgewirkt haben.

2. Fallgruppe:

Hat der Gemeinschuldner selbst einen Anteil an dem Miteigentum, weil auch eigene Sachen in die vermischte Menge eingegangen sind oder weil er den Kaufpreis für die Lieferung eines der Miteigentümer voll bezahlt und deshalb dessen Miteigentumsanteil erworben hat,

Reinicke/Tiedtke,
WM 1979, 186, 189;

Serick, aaO, Band I § 10 I
2 c S. 213, § 15 VII 2 a
S. 448;

Soergel/Mühl,
BGB 11. Aufl. § 949 Anm. 1,

so haben die übrigen Miteigentümer gegen den Konkursverwalter keinen Anspruch auf Herausgabe, sondern nur auf Aufhebung der Gemeinschaft (§§ 749 BGB, 16 KO) und auf Einräumung des Mitbesitzes,

Soergel/Baur,
BGB 11. Aufl. § 1011 Anm. 3,

sofern nicht der Gemeinschuldner ein massezugehöriges, durch die Konkurseröffnung nicht beeinträchtigtes Recht zum Alleinbesitz hat.

Der Erwägung Uhlenbrucks,

Gläubigerberatung in der
Insolvenz, A XVI 5.2,
S. 132, C XIV 2, S. 343 f,

der Konkursverwalter könne mit der Erfüllungswahl gegenüber einem am Pool beteiligten Lieferanten gegen Treu und Glauben verstoßen, oder die Erfüllungswahl sei gar nach § 138 BGB nichtig, weil der Konkursverwalter mit ihr den Pool sprenge, kann nicht gefolgt werden. Die Poolbildung kann die Erfüllungswahl nicht ausschließen. Der Verwalter, der die Erfüllung wählt und den Kaufpreis zahlt, erwirbt für die Masse Miteigentum an der Ware. Er verschlechtert damit die Rechtslage der übrigen Miteigentümer und der Poolmitglieder nur insoweit, als diese von ihm nicht Herausgabe, sondern nur Einräumung des Mitbesitzes an der Ware und Teilung verlangen können. Einen Wertverlust erleiden sie nicht, so daß für eine Mißbilligung der Erfüllungswahl kein Anlaß besteht.

Die Auffassung, der Konkursverwalter könne als Besitzer der Ware diese stets allein behalten und brauche den Miteigentümern keinen Mitbesitz einzuräumen, auch wenn er kein Alleinbesitzrecht habe,

<blockquote>so Reinicke/Tiedtke,
WM 1979, 186, 189,</blockquote>

findet eine Grundlage weder im Gesetz noch in der Entscheidung des Bundesgerichtshofs.

<blockquote>BGH WM 1958, 899.</blockquote>

Denn diese Entscheidung betrifft nicht den Anspruch auf Herausgabe oder auf Einräumung des Mitbesitzes, sondern nur den individuellen Schadensersatzanspruch eines Miteigentümers wegen Verletzung seines Miteigentumsanteils.

Der Konkursverwalter darf den gemeinschaftlichen Gegenstand nicht ohne Zustimmung der anderen Mitberechtigten verwerten. Denn das Miteigentum gehört nicht zur Konkursmasse. Die Auseinandersetzung erfolgt außerhalb des Konkursverfahrens nach Maßgabe der §§ 749 BGB, 16 KO. Hierbei sind alle Miteigentümer gleichberechtigt. Die Konkursmasse genießt als Besitzer keinen Vorzug.

§ 742 BGB, der den Miteigentümern im Zweifel gleiche Anteile zuweisen würde, ist unanwendbar.

> BGH WM 1958, 899
> = NJW 1958, 1534;
> Reinicke/Tiedtke,
> WM 1979, 186 ff;
> Soergel/Mühl,
> BGB 11. Aufl. § 948,
> Rz. 4;
> Erman/Hefermehl,
> BGB 7. Aufl. § 948
> Anm. 2 a;
> Hilger, aaO, S. 13;
> a.A. Baur, Sachenrecht, 12. Aufl.
> § 53 a II 3;
> Flume,
> NJW 1950, 913, 922;
> Westermann, Sachenrecht, 6. Aufl.
> § 52 III a;
> Wolff/Raiser, Sachenrecht, 10. Aufl.
> § 72 II 2 Note 13.

Verfügt der Konkursverwalter über das Miteigentum ohne Zustimmung der anderen Miteigentümer, so macht er sich schadensersatzpflichtig und begründet Ersatzaussonderungsansprüche. Der einzelne Miteigentümer kann jedoch diese Ansprüche gegen den Konkursverwalter nur geltend machen, wenn er die Höhe seines Anteils nachweisen kann.

> BGH WM 1958, 899.

Etwas anderes gilt nur, wenn wegen Beweisvereitelung durch den Gemeinschuldner die Beweislast umgekehrt wird.

> Dazu BGH NJW 1978, 1632
> und Reinicke/Tiedtke,
> WM 1979, 186, 191 f;
> für weitergehende Umkehrung
> der Beweislast Hoche,
> NJW 1958, 1534;
>
> dazu Hilger, aaO, S. 16.

Für den dem Antragsteller obliegenden Nachweis der Höhe seines Schadens ist § 287 I ZPO anwendbar. Entsprechendes gilt, wenn die übrigen Miteigentümer gemeinsam gegen den Konkursverwalter auf Schadensersatz klagen oder den Erlös aus der unberechtigten Verfügung des Konkursverwalters zugunsten der Miteigentümergemeinschaft ersatzaussondern wollen.

Umstritten ist, ob § 287 ZPO darüber hinaus auch anwendbar ist, wenn bei einer Realteilung des gemeinschaftlichen Eigentums oder bei der Verteilung des durch eine Veräußerung erzielten Erlöses die Höhe des Anteils nur geschätzt werden kann.

        Bejahend: Vorauflage
        § 81 und Jaeger/Henckel,
        KO 9. Aufl. § 15 Anm. 76;
        a.A. Hilger, aaO, S 16 f.

Selbst wenn man § 287 ZPO analog anwendet, sind damit die Schwierigkeiten aber nicht immer zu beheben. Denn die Anwendung dieser Vorschrift setzt voraus, daß wenigstens Anhaltspunkte für eine Schätzung gegeben sind. Daran fehlt es z.B., wenn unter Eigentumsvorbehalt mit oder ohne Verarbeitungsklausel von mehreren Verkäufern gleichartiges Material geliefert und vermischt wurde, ohne daß der jeweilige Vorbestand festgestellt worden ist, und der Käufer zwischen den einzelnen Lieferungen, deren Reihenfolge und Umfang feststeht, aus dem vermischten Bestand Mengen unbekannter Größe verarbeitet hat.

        Siehe dazu Hilger, aaO,
        S. 7 ff, 16 f, 21 ff.

Denn wenn im Zeitpunkt der Einlagerung einer neuen Lieferung die Feststellung des Vorbestandes unterlassen wurde, kann das Mengenverhältnis der neuen Lieferung zu den noch vorhandenen Teilen früherer Lieferungen nicht ermittelt werden.

        Hilger, aaO, S. 8.

Das Miteigentum an den Lagerbeständen ist dann mangels feststellbarer Quoten nicht nach §§ 752 f BGB teilbar. Da die Sicherungsnehmer dem Konkursverwalter, der die Lagerbestände im Besitz hat und das Miteigentumsrecht des Gemeinschuldners ausübt, ihre Quoten nachweisen müßten, um die Teilung zu erreichen, können sie ohne Quotenbestimmung nichts ausrichten.

Andererseits darf der Verwalter das Miteigentum nicht allein verwerten und den Verwertungserlös nicht voll zur Masse ziehen, weil feststeht, daß der Lagerbestand jedenfalls nicht allein der Masse gehört. Ein offensichtlich unbefriedigendes Ergebnis.

An dem Verarbeitungsprodukt kann sich in einem solchen Fall das vorbehaltene Eigentum der Lieferanten nicht fortsetzen. Denn aus der Verarbeitungsklausel muß sich ergeben, "zu welchem Bruchteil der Lieferant aufgrund seines Eigentumsvorbehalts am Rohstoff Miteigentümer des Fertigfabrikats werden soll".

        BGHZ 46, 117, 119.

Scheitert aber schon die Feststellung des Anteils am Lagerbestand, so fehlt es an der für den Erwerb des Miteigentums nach § 950 BGB geforderten Bestimmtheit des Bruchteils am Produkt.

        Hilger, aaO, S. 22 f.

Wollte man dem nicht folgen, so stieße aber jedenfalls eine Teilung des Verarbeitungsprodukts auf dieselben Hindernisse wie die Teilung des noch vorhandenen Rohstofflagerbestandes.

Haben sich die Lieferanten auch die Forderungen des späteren Gemeinschuldners aus dem Weiterverkauf der Verarbeitungsprodukte vorausabtreten lassen, so hilft ihnen auch das nicht. Ist schon die Verarbeitungsklausel unwirksam, so ist es auch die Vorausabtretung. Hält man die Verarbeitungsklausel noch für wirksam, scheitert die Vorausabtretung an dem Erfordernis der Bestimmbarkeit der dem einzelnen Sicherungsnehmer zuzuordnenden Teilforderung.

> Hilger, aaO, S. 27 ff.

Durch die Einbringung der Sicherungsrechte der Lieferanten in einen Pool wird ihre Rechtsstellung nicht verbessert, weil der Pool nicht mehr Rechte erwerben kann, als die Miteigentümer vor der Einbringung hatten.

> Hilger, aaO, S. 17 f,
> 20, 25, 30, 39 f.

Um diesen unbefriedigenden Ergebnissen zu entgehen, hat Hilger das Modell der "durchlaufenden Sicherheiten" entwickelt,

> Hilger, aaO, S. 41 ff,

das allerdings bisher in der Praxis noch keine Resonanz gefunden hat. Dieses Modell orientiert sich an Teilungsmechanismen, die für andere dynamische Gemeinschaftsformen, wie Sammellager, Sammelversendung und Depot, entwickelt worden sind.

Hilger, aaO, S. 68-76.

Danach steht jedem Vorbehaltslieferanten, der Miteigentümer an einem gleichartigen vermischten Rohstofflager geworden ist, entgegen den Regeln der §§ 749 ff BGB ein einseitiges Teilungsrecht zu, mit dem er bei Fortbestand der Gemeinschaft im übrigen eine seiner Lieferung entsprechende Menge aus dem Rohstofflager ausgliedern kann. Während des normalen Produktions- und Geschäftsgangs wird dieses Teilungsrecht vom Vorbehaltskäufer jeweils für den Lieferanten ausgeübt, von dem die älteste Lieferung stammt,

Hilger, aaO, S. 76,

so daß dieser als Sicherungsnehmer am Rohstofflager ausscheidet, wenn feststeht, daß Rohstoffe in einem Umfang verarbeitet worden sind, die seiner Liefermenge entsprechen. Nur die nachgehenden Lieferanten können auf das Rohstofflager zugreifen, wobei sie aber die ihnen zustehende Deckung vollständig erhalten.

Hilger, aaO, S. 77 ff.

Da das vom Vorbehaltskäufer zur Verarbeitung ausgegliederte Gut im Alleineigentum jeweils des Lieferanten der ältesten Lieferung steht und erst nach der Verarbeitung wieder Miteigentum infolge einer Vermischung im

Produktlager begründet wird, genügen die Verarbeitungsklauseln dem Bestimmtheitsgrundsatz. Eine Verlängerung des Eigentumsvorbehalts in die Produkte ist also möglich. Werden Produkte aus dem Versandlager entnommen, so übt der Vorbehaltskäufer wiederum ein einseitiges Teilungsrecht für den Verkäufer der jeweils ältesten Lieferung aus. Dieser scheidet also aus dem im übrigen fortbestehenden Miteigentum an den Produkten aus, sobald feststeht, daß Produkte in der Menge verkauft worden sind, die sich erfahrungsgemäß aus seiner Liefermenge herstellen lassen. Auch hier dient das Produktlager ausschließlich der Sicherung der ihm nachgehenden Lieferanten.

Hilger, aaO, S. 80 ff.

Schwieriger als der Zugriff auf die Lagerbestände gestaltet sich auch nach dem Konzept der "durchlaufenden Sicherungen" die Verwertung der Kundenforderungen im Sicherungsfall. Eine Forderung läßt sich nämlich nur dann einem bestimmten Sicherungsnehmer zuweisen, wenn alle Zweitgeschäfte mit Angaben des Kunden in zeitlicher Reihenfolge fixiert worden sind. Hat nun aber der Vorbehaltskäufer die Bücher nicht oder nicht sorgfältig geführt, so treten für die Vorbehaltslieferanten bei der Klage auf abgesonderte Befriedigung die bekannten Darlegungs- und Beweisschwierigkeiten auf. Jedoch können diese Schwierigkeiten auch bei unvollständigen Aufzeichnungen überwunden werden, sofern sich die Zweitgeschäfte in ununterbrochener

Reihenfolge aufgrund sonstiger Umstände aufklären lassen, etwa wenn die wenigen Abnehmer der Ware bereit sind, entsprechende Auskünfte über die Lieferungen des späteren Gemeinschuldners zu erteilen.

Hilger, aaO, S. 87 f.

Durch die Bildung eines Pools wird auch nach dem Modell der "durchlaufenden Sicherheiten" die Rechtsstellung der Vorbehaltsverkäufer grundsätzlich nicht verbessert. Lediglich hinsichtlich der Vorausabtretung von Forderungen kann sich eine Beweiserleichterung ergeben (s. dazu unten 4. Fallgruppe), wenn die Abwicklungsschwierigkeiten typischerweise durch die Vielzahl der Sicherungsnehmer und die Massenhaftigkeit der Zweitgeschäfte bedingt sind.

Hilger, aaO, S. 88.

3. Fallgruppe:

Ist der Gemeinschuldner nicht Eigentümer der vermischten Menge, hat er aber die vermischten Sachen unter Eigentumsvorbehalt erworben, so gehört sein Anwartschaftsrecht zur Konkursmasse, solange dieses noch fortbesteht – nicht etwa durch Rücktritt der Vorbehaltsverkäufer erloschen ist –.

Durch die Vermischung erlischt das Anwartschaftsrecht

nicht, vielmehr ist § 949 BGB analog anzuwenden mit der Folge, daß an den entsprechenden Miteigentumsanteilen das Anwartschaftsrecht fortbesteht.

> Palandt/Bassenge,
> BGB 43. Aufl.
> § 949 Anm. 2;
> Serick, aaO,
> Band I § 15 VII
> 2 a.

Ist aber vermischtes Material oder Material mehrerer Vorbehaltseigentümer vom Gemeinschuldner verarbeitet worden, so entsteht, wenn die Anteile bestimmbar sind (siehe oben 2. Fallgruppe), nach § 950 BGB originäres Miteigentum der Vorbehaltslieferanten. § 949 BGB ist nicht anwendbar. Vielmehr erlöschen nach § 950 II BGB alle an dem Stoff bestehenden Rechte, also auch das Anwartschaftsrecht des Vorbehaltskäufers.

> Serick, aaO,
> Band IV § 44 III 7
> S. 159.

Durch ausdrückliche Vereinbarung, auch schon durch die Klausel, daß die verarbeitete Ware als Vorbehaltsware gelten oder an die Stelle der Vorbehaltsware treten soll, kann ein neues Anwartschaftsrecht begründet werden: Der Vorbehaltslieferant überträgt hier das Eigentum am Verarbeitungsprodukt aufschiebend bedingt an den Vorbehaltskäufer.

> Serick, aaO,
> Band IV § 44 III 7
> S. 160.

Gehört zur Masse ein Anwartschaftsrecht an Miteigentumsanteilen am vermischten Gut oder am Verarbeitungsprodukt, so erwirbt der Konkursverwalter für die Masse den entsprechenden Miteigentumsanteil, wenn er Erfüllung des Vertrages wählt und den Restkaufpreis zahlt.

> Reinicke/Tiedtke,
> WM 1979, 186, 189.

Es gilt dann dasselbe, was oben für den Fall ausgeführt wurde, daß der Vorbehaltskäufer von vornherein eigene Sachen in das vermischte Gut eingebracht oder eigene Sachen mitverarbeitet hat (2. Fallgruppe).

4. Fallgruppe:

Hat der Gemeinschuldner oder der Konkursverwalter gleichartige Waren verkauft, die ihm von verschiedenen Verkäufern unter Eigentumsvorbehalt geliefert worden sind, und hatten sich die Lieferanten die Kundenforderungen im voraus abtreten lassen, so versagt die Sicherung in Gestalt des verlängerten Eigentumsvorbehalts, wenn der Verkäufer nicht nachweisen kann, daß die Forderung, aus der er abgesonderte Befriedigung begehrt, gerade durch Verkauf der ihm gehörenden Ware entstanden ist. Der Umstand, daß der Gemeinschuldner es unterlassen hat, die Sicherungsabtretung durch entsprechende Geschäftsaufzeichnungen zu schützen, führt nicht zur Umkehr der Beweislast.

>BGH NJW 1978, 1632;
>Serick,
>aaO., Band V § 71 IV 2 a, S. 893.

Auch an dieser Rechtslage ändert sich nichts, wenn alle Lieferanten der gleichartigen Waren sich zu einem Pool zusammenschließen. Denn der Pool kann keine bessere Rechtsstellung erwerben, als sie das einzelne Mitglied vor der Übertragung seines Rechtes an den Pool hatte; auch kann durch die Poolbildung keine Änderung der Beweislast eintreten.

Zu fragen bleibt aber, ob der Sicherungsnehmer die Beweisschwierigkeiten auch ohne eine Umkehrung der Beweislast durch Einbringung der abgetretenen Forderung in einen Pool überwinden kann, wenn an dem Pool alle Gläubiger beteiligt sind, denen die Forderung aus dem Weiterverkauf wirksam (s. 2. Fallgruppe) abgetreten worden ist. Diese Frage habe ich im Kommentar

>Jaeger/Henckel,
>KO 9. Aufl. § 15 Anm. 78

mit der Begründung verneint, daß hier - anders als in den Miteigentumsfällen - keine Rechtsgemeinschaft zwischen den Sicherungsnehmern entsteht und deshalb die §§ 1011, 432 BGB nicht anwendbar seien. Stürner

>ZZP 94, 278

hat dieser Argumentation mit Recht entgegengehalten, daß sie die Bestimmbarkeit, die materielle Voraussetzung ist, mit der Beweisbarkeit in unzulässiger Weise gleichsetze. Gehören alle in Betracht kommenden Sicherungszessionare dem Pool an, kann also der Pool aus der abgetretenen Forderung abgesonderte Befriedigung verlangen. Wie die Poolmitglieder sich dann angesichts der unklaren Beweislage auseinandersetzen, geht den Konkursverwalter nichts an. § 15 KO steht hier der Poolbildung nicht entgegen, weil er eine Veränderung der Beweislage - anders als eine Veränderung der Beweislast - nicht erfaßt.

Schwierigkeiten entstehen allerdings, wenn der Verwertungserlös aus der Forderung vom Pool einem Gläubiger zugeteilt wird, der sie zur vollen Deckung seiner Kaufpreisforderung benötigt, während andere Forderungsprätendenten und Sicherungsnehmer einen Erlösüberschuß an die Masse herauszahlen müßten. In solchen Fällen ist es unerläßlich festzustellen, auf wen die Forderung übergegangen ist. Ist dies nicht möglich, so muß der Pool den Erlösüberschuß herausgeben, der durch die Verwertung zugunsten des Gläubigers entstanden wäre, der die geringste gesicherte Forderung hat.

§ 15 KO ist aber anwendbar, wenn durch die Poolbildung eine ungesicherte Forderung eines Konkursgläubigers an einen anderen Gläubiger gelangt, der ein nicht voll valutiertes Sicherungsrecht hat, das nach dem Sicherungsvertrag alle Forderungen sichern soll, die der Inhaber des Sicherungsrechtes gegen den Gemeinschuldner hat oder erwirbt. Der Bundesgerichtshof

    BGH KTS 1975, 117
    = NJW 1975, 122

hatte den Fall zu entscheiden, daß der Gläubiger einer un-

gesicherten Forderung diese an eine Bank abgetreten hat,
die sich auf dem Grundstück des Gemeinschuldners eine
Grundschuld hatte eintragen lassen zur Sicherung aller
ihrer Forderungen gegen den Gemeinschuldner. Eine solche
Abtretung kann dem Gemeinschuldner die im Zeitpunkt der
Konkurseröffnung begründete Einrede, daß die Grundschuld
nicht voll valutiert ist, nicht mehr nehmen. Zwar ist die
Abtretung als solche wirksam. Aber die Bank ist durch
§ 15 KO gehindert, für diese Forderung abgesonderte Befriedigung aus dem Grundstück zu suchen. Entsprechendes
gilt, wenn der Versuch unternommen werden sollte, eine
ungesicherte Forderung dadurch zu sichern, daß nach Konkurseröffnung Sicherheiten, die für andere Forderungen bestellt worden sind, zur Deckung der ungesicherten Forderung
verwendet werden sollen.

1.8.1 Bassinvertrag

Vom Pool zu unterscheiden ist der sogenannte Bassinvertrag. Er zeichnet sich dadurch aus, daß nicht für die
einzelnen Gläubiger des Gemeinschuldners Sicherheiten
bestellt werden, sondern für einen Treuhänder aller an
dem Vertrag beteiligten Gläubiger oder für eine aus diesen gebildete Gesellschaft.

    Stürner,
    ZZP 94, 279 f. mit Nachweisen.

Konkursrechtliche Bedenken gegen einen solchen Vertrag
bestehen grundsätzlich nicht. Zu beachten ist lediglich,
daß die Bestellung neuer Sicherheiten zugunsten des Treuhänders oder der Bassingesellschaft der Anfechtung unterliegen kann (§ 3o Nr. 1 Fall 2 oder Nr. 2 KO) bzw. nach

Konkurseröffnung nach § 7 oder § 15 KO unwirksam ist, wenn sie ohne Mitwirkung des Konkursverwalters erfolgt. Anfechtbar und nach Konkurseröffnung unwirksam (§ 15 KO) ist auch die Einbeziehung bisher ungesicherter Gläubiger in das Treuhandverhältnis oder die Gesellschaft, soweit sie dazu führen würde, daß bisher nicht valutierte Sicherheiten zur Deckung der Forderungen dieser Gläubiger dienen würden.

>Vgl. auch Jaeger/Henckel,
>KO 9. Aufl. § 15 Anm. 33,
>§ 23 Anm. 26 ff.

1.9 Warenkreditsicherheiten in der Sequestration

Hier sollen die Fragen behandelt werden, die durch die Einziehung einer vorausabgetretenen Forderung während der Sequestration entstehen.

>1. Fall:
>
>Die vorausabgetretene Forderung entsteht erst während des Sequestrationsverfahrens.
>Der Schuldner zahlt an den Sequester.

Eine vorausabgetretene Forderung kann erst im Zeitpunkt der Entstehung der Forderung auf den Gläubiger übergehen. In diesem Zeitpunkt aber bestand schon das Veräußerungsverbot und die Anordnung der Sequestration. Gleichgültig, ob man §§ 135, 136 BGB anwendet oder dem mit der Sequestration verbundenen Veräußerungsverbot absolute Wirkung zuspricht,

>So Gerhardt,
>Festschrift für Flume,
>S. 527 ff., 541,

kann die Forderung nicht mehr wirksam auf den Sicherungszessionar übergehen. Die Forderung unterliegt der Sequestration, und die Einziehungsbefugnis liegt allein beim Sequester. Der Schuldner wird durch Zahlung an den Sequester befreit. Der Sicherungszessionar hat gegen den Gemeinschuldner weder Schadensersatz- noch Bereicherungsansprüche.

2. Fall (nach LG Bremen, ZIP 1982, 2o1 ff.):

Die Klägerin hatte dem Gemeinschuldner Waren unter verlängertem Eigentumsvorbehalt geliefert. Der Gemeinschuldner hat diese Waren weiterverkauft. Der Erwerber hat den Kaufpreis auf das Konto des Gemeinschuldners überwiesen, nachdem das Konkursgericht im Konkursantragsverfahren die Sequestration des Schuldnervermögens und ein allgemeines Veräußerungsverbot angeordnet und den Beklagten zum Sequester bestellt hatte. Nach Eröffnung des Konkursverfahrens verlangt die Klägerin von dem Beklagten als Konkursverwalter die Auszahlung des auf das Konto des Gemeinschuldners von dem Erwerber der Waren überwiesenen Betrages.

Der Erwerber der Waren, der von der Abtretung nichts wußte, ist nach § 4o7 BGB befreit. Der Sicherungszessionar hat einen Anspruch gegen den Gemeinschuldner nach § 816 II BGB. Fraglich ist, ob er wegen dieser Forderung im nachfolgenden

Konkurs ersatzaussondern kann (§ 46 KO). Die Rechtsprechung

>BGHZ 23, 3o7, 317;
>BGH KTS 1968, 241 ff.

wendet unter Zustimmung des Schrifttums

>Jaeger/Lent,
>KO 8. Aufl. § 46 Anm. 9;
>Mentzel/Kuhn/Uhlenbruck,
>KO 9. Aufl. § 46 Anm. 12;
>a.A. Gerhardt,
>Die systematische Einordnung
>der Gläubigeranfechtung
>(1969), S. 267 f.

auf Ansprüche aus § 816 II BGB zwar § 46 Satz 2 KO entsprechend an, nicht aber § 46 Satz 1 KO. Das heißt: Hat der Gemeinschuldner vor Konkurseröffnung eine ihm nicht zustehende Forderung eingezogen, und ist der Schuldner nach § 4o7 BGB befreit, so findet eine Ersatzaussonderung selbst dann nicht statt, wenn sich der eingezogene Betrag bei Konkurseröffnung noch in der Masse oder auf einem Bankkonto des Gemeinschuldners befindet.

>Insoweit anders nur
>Raiser,
>VersR 1954, 2o1, 2o4.

Der BGH

>KTS 1978, 341 ff.

hat dies auch für den Fall bestätigt, daß die Zahlung nach Eröffnung des sogenannten Vergleichsvorverfahrens nach

§ 11 VglO erfolgte. Ob im Sequestrationsverfahren etwas anderes gilt, hängt davon ab, ob sich der Sequester von dem vorläufigen Vergleichsverwalter in einer hier maßgebenden Beziehung unterscheidet. Zwar hat der Sequester - anders als der vorläufige Vergleichsverwalter - Verfügungsmacht über das Vermögen des Gemeinschuldners. Entscheidend für die Anwendung des § 46 KO ist aber, ob mit der Sequestration bereits die Masse gebildet ist. Das ist nicht der Fall. Die Sequestration soll das Vermögen des Gemeinschuldners so erhalten, daß im Zeitpunkt der Konkurseröffnung Masse vorhanden ist. Der Sequester soll die Massebildung vorbereiten und die künftige Masse von Masseverbindlichkeiten entlasten. Konkursmasse aber ist das im Zeitpunkt der Konkurseröffnung dem Gemeinschuldner gehörende Vermögen, nicht dagegen das Vermögen, das ihm bei Anordnung der Sequestration gehört. "Neuerwerb", der während der Sequestration entsteht, gehört zur Konkursmasse und ist nicht konkursfreies Vermögen wie ein Neuerwerb nach Konkurseröffnung. Entstehen durch das Handeln des Sequesters keine Masseverbindlichkeiten (s.o. 1.5.3.2), so kann die Einziehung fremder Forderungen auch keine Ersatzaussonderung begründen. Die Einziehung wird dem Gemeinschuldner zugerechnet und nicht der Masse.

>So im Ergebnis auch
>Kilger, Einhundert Jahre
>Konkursordnung (1977), S. 200;
>LG Bremen, aaO, mit zust. Anm.
>von Voigt,
>ZIP 1982, 203 f;
>OLG Karlsruhe
>ZIP 1984, 990;
>Koch, Die Sequestration im Konkurseröffnungsverfahren (1982),
>S. 136 ff.

Etwas anderes gilt auch dann nicht, wenn der Sequester die eingehenden Gelder wegen der Unsicherheit der Rechtslage auf einem Sicherheitenerlöskonto ansammelt. Lediglich dann, wenn der Sequester die Sicherungsabtretung kennt und anerkennt und die eingehenden Gelder für den Zessionar treuhänderisch verwaltet, kann der Sicherungsnehmer das Treugut im späteren Konkurs aussondern.

> Siehe auch LG Bonn
> ZIP 1984, 867.

Angesichts dieses Ergebnisses stellt sich die Frage, ob der Sequester persönlich für die Nachteile haftet, die dem Sicherungszessionar entstehen können. Grundsätzlich haftet der Sequester in analoger Anwendung des § 82 KO allen Beteiligten. Ob danach der Zessionar den Sequester auf Schadensersatz in Anspruch nehmen kann, weil er infolge der Zahlung des Schuldners der abgetretenen Forderung an den Sequester bzw. auf das der Sequestration unterworfene Konto des Gemeinschuldners seine Forderung verloren hat und sein Ausgleichsanspruch nach § 816 II BGB nur Konkursforderung ist, hängt davon ab, was man unter der analogen Anwendung des § 82 KO zu verstehen hat. Die Haftung nach § 82 KO setzt voraus, daß der Konkursverwalter eine Pflicht verletzt hat, die ihm einem Beteiligten gegenüber obliegt. Es ist deshalb zu fragen, welche Pflichten der Sequester gegenüber dem im Konkurs absonderungsberechtigten Sicherungszessionar hat. Ebensowenig wie der Gemeinschuldner selbst ist der Sequester verpflichtet, die Sicherungsabtretung aufzudecken. Dies ist allein Sache des Zessionars. Deshalb haftet der Sequester jedenfalls dann nicht persönlich, wenn ohne sein Zutun Zahlungen auf ein der Sequestration unterliegendes Konto eingehen. Hat aber der Sequester den Schuldner einer zur Sicherheit abgetretenen Forderung zur Zahlung aufgefordert, ohne von der Abtretung zu wissen, so hängt seine persönliche Haftung davon ab, ob er dem Sicherungszessionar gegenüber verpflichtet ist, dessen Rechte zu kennen und zu wahren. Die Forderung einzuziehen, ist ihm nicht gestattet. Denn die Einziehungsermächtigung, die der Vorbehaltsverkäufer dem Käufer mit dem verlängerten Eigentumsvorbehalt regelmäßig erteilt, beschränkt sich auf die Einziehung im ordnungsmäßigen Geschäftsverkehr. Daran fehlt es, wenn die Einziehung bewirkt, daß der Vorbehaltsverkäufer auf den eingezogenen Betrag nicht mehr zugreifen kann und nur noch eine einfache Konkursforderung hat. Der Sequester, der die Forderung einzieht, verletzt also die Pflichten, die der Gemeinschuldner gegenüber dem Sicherungsnehmer zu erfüllen hat. Deshalb bleibt nur noch zu fragen, ob der Sequester schuldhaft gehandelt hat. Das ist grundsätzlich zu bejahen. Denn wenn der Sequester eine Forderung einzieht, muß er zuvor prüfen, ob er dazu berechtigt ist.

>So im Ergebnis auch
>Koch,
>aaO., S. 139 ff.;
>die abweichende Auffassung,
>die ich im RWS-Skript Nr. 25,
>Pflichten des Konkursverwalters gegenüber Aus- und
>Absonderungsberechtigten,
>2. Aufl., S. 5 f. vertreten
>habe, halte ich nicht aufrecht.

2. <u>Beiderseits nicht vollständig erfüllte Lieferungsverträge</u>
   <u>(§ 17 KO)</u>

Probleme des § 17 KO sind teilweise schon in früherem Zusammenhang erörtert worden. Die folgenden Ausführungen sollen dies nur noch ergänzen.

2.1 Anwendbarkeit des § 17 KO im Käuferkonkurs

Daß § 17 KO im Käuferkonkurs anwendbar ist, wenn beim einfachen Vorbehaltskauf der Kaufpreis im Zeitpunkt der Konkurseröffnung noch nicht voll bezahlt ist, entspricht heute herrschender Meinung.

> Jaeger/Henckel,
> KO 9. Aufl. § 17 Anm. 56;
> BGH KTS 1967, 16o, 162.

Gegen diese Auffassung wird geltend gemacht, sie führe zu ungerechten Ergebnissen, wenn der Gemeinschuldner vor Konkurseröffnung das Anwartschaftsrecht auf einen Dritten übertragen hat.

> Bauknecht,
> NJW 1956, 1177, 1179 ff.;
> Raiser,
> Dingliche Anwartschaften, S. 96;
> Stracke,
> Das Aus- und Absonderungsrecht des
> Vorbehaltseigentümers im Konkurs
> des Vorbehaltskäufers,
> Dissertation Göttingen (1972),
> S. 123 f.

Der Konkursverwalter könne dann dem Dritten das Anwartschaftsrecht entziehen, indem er die Erfüllung des Vertrages mit dem Vorbehaltsverkäufer ablehne.

Die Fragestellung gewinnt praktische Bedeutung, wenn der Vorbehaltskäufer die Sache weiterverkaufen will, jedoch das Vorbehaltseigentum des Erstverkäufers respektiert und deshalb dem Zweiterwerber nur das Anwartschaftsrecht überträgt.

Die Beurteilung dieses Falles muß davon ausgehen, daß
das Anwartschaftsrecht nicht schon durch die Erfüllungsablehnung des Konkursverwalters erlischt, sondern erst,
wenn der Bedingungseintritt ausgeschlossen ist. Das ist
aber in unserem Beispiel noch nicht der Fall. Denn der
Anwartschaftsrechtserwerber hat analog § 268 BGB ein Ablösungsrecht.

> Häsemeyer,
> KTS 1973, 2, 16;
> Jaeger/Henckel,
> KO 9. Aufl. § 17 Anm. 57.

Macht der Anwartschaftsrechtserwerber davon Gebrauch, und
zahlt er an den Vorbehaltsverkäufer den Restkaufpreis,
so wird er unmittelbar, ohne Durchgangserwerb beim Vorbehaltskäufer und seiner Konkursmasse,

> BGHZ 2o, 88, 1oo;
> Serick,
> aaO., Band I § 11 III 5
> S. 266 f.;
> Jaeger/Henckel,
> KO 9. Aufl. § 17 Anm. 57,

Eigentümer der Sache.

Im Ergebnis nicht anders ist es, wenn der Vorbehaltskäufer das Anwartschaftsrecht einem Geldkreditgeber zur
Sicherheit überträgt. Der Erwerber des Anwartschaftsrechts
hat dann im Konkurs des Vorbehaltskäufers ein Absonderungsrecht am Anwartschaftsrecht, das mit dieser Belastung zur
Konkursmasse gehört. Als Absonderungsberechtigter hat der
Geldkreditgeber ein Ablösungsrecht in analoger Anwendung
des § 268 BGB. Deshalb erlischt auch hier das Anwartschafts-

recht des Vorbehaltskäufers nicht dadurch, daß der Konkursverwalter die Erfüllung nach § 17 KO ablehnt.

>Jaeger/Henckel,
>KO 9. Aufl. § 17 Anm. 58;
>a.A. Heinze,
>JR 1974, 451 ff.;
>Serick,
>aaO., Band V § 62 III 2 c
>S. 357;
>ders. in Einhundert Jahre
>Konkursordnung (1977),
>S. 286 f.

Macht der Geldkreditgeber von seinem Ablösungsrecht Gebrauch, so erwirbt er Sicherungseigentum und damit ein Absonderungsrecht an der Sache. Ein Durchgangserwerb findet auch hier nicht statt.

>Jaeger/Henckel,
>KO 9. Aufl. § 17 Anm. 58;
>a.A. Heinze,
>JR 1974, 451 ff.

2.2 Weiterveräußerung der unter Eigentumsvorbehalt gelieferten Sache durch den Konkursverwalter des Käufers

Hat der Konkursverwalter des Erstkäufers aufgrund einer den Konkurs überdauernden Veräußerungsermächtigung des Erstverkäufers die Sachen unter Eigentumsvorbehalt weiterveräußert, so ist im Verhältnis zwischen dem Erstverkäufer und dem Erstkäufer § 17 KO nicht mehr anwendbar.

>Serick,
>aaO., Band I § 13 II 1 c
>S. 338, Band V § 62 VI 4
>S. 387.

Im Verhältnis zwischen dem Erstkäufer und dem Zweitkäufer
ist § 17 KO ebenfalls nicht anzuwenden, weil der Konkursverwalter des Vorbehaltsverkäufers das Anwartschaftsrecht
des Vorbehaltskäufers nicht zerstören darf.

   H.M. Jaeger/Henckel,
   KO 9. Aufl. § 17 Anm. 52 ff
   mit Nachweisen.
   A.A. BGH KTS 1962, 248, 249
   = NJW 1962, 2296 f.;
   Serick,
   aaO., Band I § 13 III
   S. 354 ff.,
   Band V § 62 III 2 c
   S. 356 f.

Die Gegenansicht, die § 17 KO im Konkurs des Vorbehaltsverkäufers grundsätzlich anwenden will, kommt in diesem
Fall zu keinem anderen Ergebnis, weil sie die Erfüllungsablehnung des Konkursverwalters als eine nach § 242 BGB
unzulässige und unwirksame Rechtsausübung ansieht.

   Serick,
   aaO., Band V § 62 VI 4
   S. 387 f.

War die Veräußerungsermächtigung, die der Erstverkäufer
dem Erstkäufer erteilt hat, mit einer Vorausabtretung der
Forderung aus dem Zweitverkauf verbunden, so kann also
der Konkursverwalter des Erstkäufers den Forderungsübergang nicht dadurch verhindern, daß er die Erfüllung des
Vertrages mit dem Zweitkäufer ablehnt.

   Serick,
   aaO., Band V § 62 VI 4
   S. 387 f.

3. Konkursanfechtung

3.1 Einfacher Eigentumsvorbehalt

Anfechtungsrechtliche Fragen stellen sich beim einfachen Eigentumsvorbehalt in zweierlei Hinsicht:

3.1.1 Bardeckung

Der Kaufvertrag kann ein nach § 3o Nr. 1 Fall 1 KO anfechtbares Rechtsgeschäft sein. Da die Anfechtung hier eine unmittelbare Benachteiligung der Konkursgläubiger voraussetzt, kommt sie nach dieser Vorschrift nur in Betracht, wenn die vom Gemeinschuldner versprochene Gegenleistung unangemessen hoch ist, also etwa, wenn der Gemeinschuldner, um überhaupt noch Material für seine Produktion zu bekommen, einen überhöhten Preis geboten hat.

3.1.2 Kongruente Deckung

Zum anderen stellt sich die Frage, ob die Zahlung des Kaufpreises in der kritischen Zeit des § 3o Nr. 1 Fall 2 KO, also nach Zahlungseinstellung oder Konkursantrag, als kongruente Deckung anfechtbar sein kann. Die Zahlung des Kaufpreises oder einer Kaufpreisrate stellt sich als Befriedigung des Gläubigers für seine schuldrechtliche Kaufpreisforderung dar, also als Befriedigung eines Konkursgläubigers im Sinne des § 3o Nr. 1 Fall 2 KO, da die Kaufpreisforderung des Vorbehaltsverkäufers mit Konkurseröffnung Konkursforderung i.S.d. § 3 KO wird und bleibt, sofern nicht der Konkursverwalter Erfüllung des Vertrages wählt (§§ 17, 59 I Nr. 2 KO).

BGHZ 89, 194
= ZIP 1984, 190
= JZ 1984, 420
m.Anm. von F. Baur;

> Jaeger/Henckel, KO 9. Aufl.
> § 17 Anm. 7, 9, 149 ff;
> a.A. noch Jaeger/Lent,
> KO 8. Aufl. § 30 Anm. 42.

Daß der Vorbehaltsverkäufer bis zur vollen Zahlung des Kaufpreises auch Eigentümer der Vorbehaltsware ist, ändert an der Erfüllung des Anfechtungstatbestandes insoweit nichts. Denn die Zahlung erfolgt - anders als etwa die Herausgabe - nicht aufgrund des im Konkurs aussonderungsfähigen Eigentums. Fraglich ist aber, ob die Konkursgläubiger benachteiligt sind. Der BGH hat dies verneint,

> KTS 1960, 95 f
> = WM 1960, 381
> = ZZP 1961, 97,

wenn die Zahlung dazu führt, daß der Vorbehaltsverkäufer seinen Eigentumsvorbehalt nicht geltend macht und deshalb der spätere Gemeinschuldner über die Ware jetzt verfügen kann. Dann sei nicht ohne weiteres der Schluß gerechtfertigt, daß die Konkursgläubiger benachteiligt seien. Das gilt jedenfalls dann, wenn durch vollständige Zahlung des Kaufpreises die Ware in das Eigentum des Gemeinschuldners übergegangen, im Zeitpunkt der Konkurseröffnung noch vorhanden ist und einen mindestens **gleichen** Wert darstellt wie der in der kritischen Zeit gezahlte Kaufpreis.

> Serick, aaO,
> Band I § 13 II 5 S. 352.

Hat der Gemeinschuldner nur eine Teilzahlung geleistet und der Vorbehaltsverkäufer ihm daraufhin die Ware belassen und gestattet, daß er sie weiterveräußert, so fehlt es an einer Benachteiligung, wenn der Erlös aus der Weiterveräußerung in der Masse noch vorhanden ist und dem Wert der in der kritischen Zeit an den Vorbehaltsverkäufer gezahlten Kaufpreisrate entspricht. Ist die Ware selbst noch in der Masse, entfällt eine Benachteiligung auch dann, wenn der Vorbehaltsverkäufer nach der Konkurseröffnung aussondert, soweit dieser dann die Kaufpreisanzahlungen nach §§ 346 ff BGB zurückgeben muß.

3.2 Verlängerter Eigentumsvorbehalt

Beim verlängerten Eigentumsvorbehalt stellt sich die Frage, ob der Erwerb des Vorbehaltsverkäufers anfechtbar ist, wenn der Vorbehaltskäufer in der kritischen Zeit zwischen Konkursantrag oder Zahlungseinstellung und Konkurseröffnung mit Ermächtigung des Vorbehaltsverkäufers die Ware weiterveräußert. In diesem Fall liegt ein sogenannter Sicherheitentausch vor, der grundsätzlich mangels einer Gläubigerbenachteiligung nicht anfechtbar ist. Eine Anfechtung nach § 30 Nr. 1 Fall 2 KO kommt nur insoweit in Betracht, als die neue Sicherheit wertvoller ist als die alte. Das ist der Fall, wenn die Kundenforderung einen höheren Wert hat als die Ware und die gesicherte Kaufpreisforderung nur unter Inanspruchnahme auch dieses Mehrwerts gedeckt werden könnte.

>BGHZ 64, 312 ff;
>so auch Serick, aaO,
>Band V § 62 V 3 c S. 380 ff.

Für die subjektiven Voraussetzungen des § 30 Nr. 1 KO, also die Kenntnis des Vorbehaltsverkäufers, ist der Zeitpunkt maßgebend, in dem die vorausabgetretene Forderung entstanden ist.

>BGHZ 64, 312, 313 ff
>= WM 1975, 534 ff;
>Serick, aaO, Band V § 62 V 2
>S. 373, § 62 VI 3 S. 384.

Das Ergebnis wird dadurch bestätigt, daß § 30 Nr. 1 Fall 2 KO

den Zweck verfolgt, den Zeitpunkt der konkursrechtlichen
Gleichbehandlung auf den Eintritt des materiellen Konkurses
(Zahlungseinstellung oder Konkursantrag) vorzuverlegen.
Soweit deshalb nach Konkurseröffnung der Forderungsübergang nicht durch § 15 KO gehindert wird (s.o. I. 5.2.3),
ist er auch anfechtungsfest.

3.3 Verarbeitungsklausel

Bei Verarbeitungsklauseln ist zu fragen, ob der Eigentumserwerb des Vorbehaltsverkäufers am Produkt nach § 3o Nr. 1
Fall 2 KO anfechtbar ist. Maßgebender Zeitpunkt ist der
der Verarbeitung, genauer gesagt der Zeitpunkt, in dem
die Verarbeitung zum Eigentumserwerb des Vorbehaltsverkäufers führt.

>   Serick,
>   aaO., Band V § 63 II 2 b
>   S. 42o.

Die Verarbeitung ist Rechtshandlung im Sinne des § 3o
Nr. 1 Fall 2 KO.

>   Serick,
>   aaO., Band V § 63 II 2 a
>   S. 419 f.

Eine Gläubigerbenachteiligung tritt auch hier nur ein,
soweit der Wert des Verarbeitungsprodukts höher ist als
der des verarbeiteten Materials und dieser Mehrwert zur
Deckung der Forderung des Vorbehaltsverkäufers notwendig
wäre.

>   Serick,
>   aaO., Band V § 63 II 2 c
>   u. 3 S. 421 ff.

Ob es bei einer Werterhöhung der Sicherheit durch die Verarbeitung der Anfechtung bedarf oder die Benachteiligung der Masse durch die Auskehrung des Mehrerlöses an den Konkursverwalter ausgeglichen wird, ist von Bedeutung, wenn der Konkursverwalter oder - vor der Konkurseröffnung - der Gemeinschuldner das Verarbeitungsprodukt an den Vorbehaltsverkäufer herausgegeben hat. Denn dann kann die Anfechtung nur innerhalb der Jahresfrist des § 41 KO geltend gemacht werden, während ein Anspruch auf Auskehrung des Übererlöses nicht dieser Frist unterläge.

Der Auffassung, daß es einer Anfechtung nicht bedürfe, weil die spezielleren konkursrechtlichen Regeln über die Auskehrung des Mehrerlöses den Anfechtungsregeln vorgingen,

        Serick,
        aaO., Band V § 63 II 3
        S. 421 ff.,

möchte ich entgegenhalten, daß der Vorbehaltsverkäufer durch die vor Konkurseröffnung abgeschlossene Verarbeitung Eigentümer geworden ist und damit ein Absonderungsrecht erworben hat und als Absonderungsberechtigter zur Auskehrung eines Mehrerlöses nur insoweit verpflichtet ist, als der Erlös seine gesicherte Forderung übersteigt. Die Differenz zwischen dem Wert des unverarbeiteten Materials und dem des Verarbeitungsprodukts kann ihm nur im Wege der Anfechtung entzogen werden. Es bedarf also der Anfechtung innerhalb der Frist des § 41 KO, wenn es im konkreten Fall nicht genügt, sie einredeweise geltend zu machen (§ 41 II KO).

Ist die Verarbeitung vom Gemeinschuldner nach der Zahlungseinstellung oder dem Antrag auf Eröffnung des Konkursverfahrens begonnen, aber erst nach Konkurseröffnung abgeschlossen worden, so gebührt nach dem Grundgedanken des § 15 KO dem Vorbehaltsverkäufer der Wert des fertiggestellten Produkts nur abzüglich der Wertsteigerung, die das Produkt während des Konkursverfahrens erfahren hat, höchstens bis zum Betrag seiner Forderung. Die durch die Verarbeitung des Gemeinschuldners während der Krise geschaffene Werterhöhung kann dem Vorbehaltsverkäufer nur im Wege der Anfechtung entzogen werden.

In unserem Verlag sind außerdem folgende aktuelle
RWS-Skripte zum Insolvenz- und Vollstreckungsrecht
erschienen:

RWS-Skript Nr. 35
Prof. Dr. Walter Gerhardt, Bonn

Die Gestaltung von GmbH-Verträgen
2., neubearbeitete Aufl. 1983.
Brosch. 76 Seiten. DIN A 5. DM 42,--.
ISBN 3-8145-0935-X

RWS-Skript Nr. 86
Prof. Dieter Eickmann, Berlin

Aktuelle Probleme des Insolvenzverfahrens aus Verwalter-
und Gläubigersicht
2. Aufl. 1983. Brosch. 92 Seiten. DIN A 5. DM 48,--.
ISBN 3-8145-9088-0

RWS-Skript Nr. 133
RA Dr. Hans-Jürgen Lwowski, Hamburg

Aktuelle Probleme des Kreditsicherungsrechts aus
Rechtsprechung und Praxis
1984. Brosch. 180 Seiten. DIN A 5. DM 68,--.
ISBN 3-8145-0133-0

RWS-Skript Nr. 124
RA Dr. Hans-Jürgen Lwowski, Hamburg

Insolvenzpraxis für Banken
1983. Brosch. 152 Seiten. DIN A 5. DM 48,--.
ISBN 3-8145-0124-1

RWS-Skript Nr. 117
ORR Kurt Stöber, Puchheim
Justizoberamtsrat Horst Schiffhauer, Varel

Praxis der Zwangsversteigerung
2., neubearbeitete Aufl. 1983.
Brosch. 148 Seiten. DIN A 5. DM 52,--.
ISBN 3-8145-9117-8

RWS-Skript Nr. 129
Dipl.-Kfm. Dr. Hans-Jürgen Kohler, Hamburg

Bilanzanalyse in der Kreditpraxis- und Insolvenzprognose
1983. Brosch. 262 Seiten. DIN A 5. DM 78,--.
ISBN 3-8145-0129-2

 KOMMUNIKATIONSFORUM Recht   Wirtschaft   Steuern
Tagungs- u. Verlagsges. mbH, Postfach 270125, 5000 Köln 1